思考実験が教える
あなたの脳の鍛え方

「強み」と「弱み」を知ると
思考の幅が広がる

北村良子

青春出版社

突然、あなたの前にタイムマシンが現れたとします。
あなたには、そのタイムマシンに乗る権利が与えられました。
でも、行けるのは、今から３０００年前か、
３０００年後か、のどちらかのみ——。
さて、あなたは、３０００年前の世界に行きますか？
３０００年後の世界に行きますか？

1 ３０００年前を選んだあなた
発揮された力：問題解決力　鍛えたい力：直観力

2 ３０００年後を選んだあなた
発揮された力：想像力　鍛えたい力：集中力

突然の質問とタイプ分けに、驚かれた方もいるかもしれません。

これは、本書で紹介する思考実験と、その答えによって考えられる「あなたの脳の使われ方」です。

「なぜ、３０００年前を選ぶと、直観力を鍛えたほうがいいのか」

「なぜ、３０００年後を選ぶと、集中力を鍛えたほうがいいのか」

疑問に思われた方も多いかもしれませんが、その解説は１４７ページに譲るとして、本書ではこのように思考実験を紹介し、選んだ答えによって、あなたがその問題に対してどんな力を最も発揮して考えたか、反対にどんな力を最も使わなかった可能性があるかを、説明していきます。

思考実験とは、頭の中で考えを巡らせることで、自分なりの答えを見つける実験のことです。思考実験の題材には、明確な正解がないものがほとんどです。それゆえに、思考実験の目的は正解を見つけることではなく、自分の意見を見つけることになります。

自分の意見を見つけるために1つの問いにじっくり向き合う思考実験は、自分の脳の強みや、脳の弱みを見つけるのにぴったりです。

いったい、なぜでしょうか。

それは、自分の意見を導き出そうと考えるとき、無意識に私たちが「使い慣れた脳回路＝使い慣れた力」を使うことが多いからです。使い慣れた力というのは、あなたがうまく使いこなすことができている力であり、あなたの強みともいえます。逆に、使われない力は、あなたがその力を使って考えることを苦手としている力、これから鍛えたい力といえるでしょう。

脳の回路は年齢を経るごとに、よく使う回路はより太く使いやすくなり、あまり使わない回路はより細くなり、ついには使えなくなります。

何かを考え決めるとき、私たちの思考は無意識のうちに、太い回路に流されがちです。このため、年をとればとるほど考え方は偏っていき、思考の柔軟さは年齢と反比例していきます。

ただ、普段の生活の中では、「自分がどういう脳の力を主に使って考えているか」を意識するのは難しいでしょう。

本書では、思考実験という一つの問いを通して、自分の脳の使い方を知ることができます。そして、自分の思考のクセを知ったうえで、「最も使われなかったであろう力（鍛えたい力）」に刺激を与えられるように、「鍛えたい力を強化するパズル」もそれぞれ用意しました。

つまり、本書を読めば、自分では気づかない「脳の強みと弱み」に気づけるだけでなく、最も使われていなかったと考えられる脳の力（脳の弱み）を鍛えることもできるのです。

また、本書では、自分の選択肢が多数派なのか、少数派なのか、選んだ理由は他の人と同じなのかを確かめられるように、すべての思考実験に対して、著者独自のアンケート結果を載せながら解説しています。

いつも通る自宅の近くでも、一本違う道に入ると景色がガラッと変わり、いろいろな発見があるものです。これから始まる思考実験も、違う答えを選んだ人の意見に触れることで、一本違う道を通る感覚を楽しんでいただければと思います。

思考実験によって「自分の強みと弱み」に気づいたり、パズルをすることで思考の幅が広がったと少しでも感じていただけたら、著者として幸いに思います。

目次

カバーイラスト：どいせな
本文イラスト：田渕正敏
本文デザイン：黒田志麻
本文DTP：キャップス

※本書内で紹介しているアンケートは、「ランサーズ」を通して、著者が独自に集めたものです。

本書の使い方

1. 気になる思考実験を読み、自由に考え、自分の意見をまとめる。

▶本書では11個の思考実験を紹介しています。気になるタイトルのものから、考えてみましょう。それぞれの思考実験でわかる「自分の弱み（鍛えたい力）」「自分の強み（発揮された力）」は異なるので、意外な発見を楽しみにしながら自由に考えてください。

2. 考えがまとまったら、次のページを開く。

▶各思考実験の次のページには、いくつかの選択肢の中から、あなたの考えに近いものを選ぶページが用意されています。思考実験によっては、選択肢の中に、自分の考えがないものがあるかもしれませんが、1番自分の考えに近いと思われる選択肢を選び、どんな力を発揮できたか、逆にどんな力を鍛えるとよいのかを知りましょう。

※自分の考えに近い選択肢の下に、あなたの強み（発揮された力）と弱み（鍛えたい力）が書かれているので、考えがまとまってからページを開いてください。

3. 思考実験を通してわかった「鍛えたい力」を、専用のパズルで鍛える。

▶項目の最後に、各選択肢（各タイプ）ごとに「弱みを鍛えるパズル」を紹介しています。該当のパズルに挑戦し、脳を効率的に鍛えましょう。

「強み」と「弱み」を知ると
思考の幅が広がる

脳を鍛える
思考実験とパズル

ここから、あなたの気づかない脳の強みと
弱みを知るための、11の思考実験を紹介します。
選んだ答えが教える「自分の脳タイプ」を元に
鍛えたい力を強化するパズルに挑戦してみてください。
思考実験⇒パズル、
思考実験⇒パズル……を
繰り返すことで、
あなたのアタマはどんどん鋭くなるはずです。

『クオリアがない恋人』

この世界には、哲学的ゾンビといわれる人たちがいるらしいのです。

彼らは、見た目も、ふるまいもすべて人と同じで、全く見分けがつきません。

ただ、私たちと違う点は1つ、「主観的な感情（クオリア）」がありません。

つまりこういうことです。


私が風を受けて、「ああ、気持ちいいなぁ」と感じたとしましょう。

同じ状況になったとき、哲学的ゾンビたちの場合は、こうなります。

風を受けて、「これは、データによると気持ちいいに相当する状況だ」と判断し、それによって反応するのです。「ああ、気持ちいいなぁ」と。


だから、私たちのように感じているわけではなく、膨大なデータから反応を割り出しているわけです。

彼ら自身も自分のことをわざわざ「哲学的ゾンビ」だなんて思っていないでしょう。


今、私には結婚を考えている恋人がいます。

この話を友人にすると、友人はふとこんなことをいいました。

「ああ、笠原、そうだ。ホシノ相性診断っていうのがあって、近所で受けられるんだけど、いろんな診断と一緒に哲学的ゾンビかどうかも調べてくれるらしいよ。一生を共にする相手なんだし、念のため調べておいたら？」

さて、実は笠原の恋人は哲学的ゾンビです。

あなたが笠原だったとしたら、ホシノ相性診断を恋人と2人で受けますか？

考えがまとまったら次のページへ ◀

さて、あなたの選択は？

A

ホシノ相性診断を受けて、相手が哲学的ゾンビでも結婚する。

発揮された力 探求力

鍛えたい力 洞察力

B

ホシノ相性診断を受けて、相手が哲学的ゾンビなら別れを選択する。

発揮された力 計画力

鍛えたい力 試行錯誤力

C

知りたくないからホシノ相性診断を受けない。

発揮された力 注意力

鍛えたい力 発想力

D

知っても何も変わらないから ホシノ相性診断を受けない。

発揮された力 論理力
鍛えたい力 想像力

アンケート結果と考察

「恋人の本当の姿」を知りたいか、知りたくないか

2人でホシノ相性診断を受けるとした人は全体の34％でした。ホシノ相性診断を受けないと回答した人が多数派の66％です。

ホシノ相性診断を受ける人の意見には、「知ることで今後を決めたい」「一生を共にする相手のことだから、知っておきたい」「ずっと気にしたくないから、はっきりさせておきたい」「感情がない人とは結婚はできない」などの意見があり、

何かを変えるわけではなく、ただ知っておきたいとする人（Aタイプ）と、診断で哲学的ゾンビかどうかを知り、そのうえで行動を起こしたいとする人（Bタイプ）に分かれました。

一方、ホシノ相性診断を受けないとした人の意見には、「知っても知らなくても今後に関係ないから」「知らないほうがいいこともある。無駄に傷つく必要はない」「恋人を失いたくないから」「ホシノ相性診断を受けても意味がない」「先入観を持ちたくないから」などがありました。

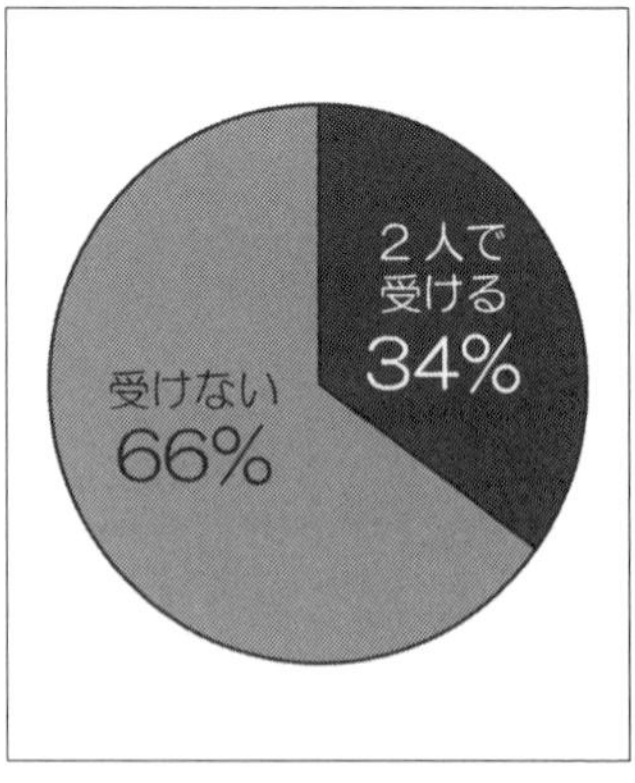

知らなければ、何事もなく過ぎていくはずの日常が、知ることで変わってしまうことを嫌う意見が多数ありました。「見た目もふるまいもすべて人と同じで、全く見分けがつかない」のに、知ることで恋人に対する見方が変わり、お互いの心が変化してしまう可能性は大いにあります。わざわざ壁をつくって乗り越えるよりは、知らないほうがいいだろうと考えるのも自然な思考の流れでしょう。

A TYPE の脳力

恋人が哲学的ゾンビと知ったうえで結婚をすると考える人は、知っておきたいという探求力が優れる一方、知った先にもしかしたら違う心境の自分がいるかもしれないという未来を見通す力、洞察力に難点があるとも考えられます。

↓
22〜23ページのパズルで洞察力を鍛えよう！

B TYPE の脳力

恋人が哲学的ゾンビと知ったうえで別れを選択すると考える人は、こうしてからこうしようと未来を組み立てる計画力が優れる一方で、「見た目も、ふるまいもすべて人と同じで、全く見分けがつかない」としても別れることを選びました。

人は本心をなかなか外に出さない生き物ですから、哲学的ゾンビでなかったとしても、クオリアは1人ひとり異なります。別れを選択する人は、自分と違う「危険因子」を一つでも排除することに安心感を覚える傾向にあります。このため、生活の中などでも、多くの物事に対して試行錯誤して向き合うより、排除することを選択しがちと考えられます。

↓24〜25ページのパズルで試行錯誤力を鍛えよう！

C TYPEの脳力

「知りたくないからホシノ相性診断を受けない」としたCタイプの人は、クオリアがないことを知ることで、今までと同様に相手を想ったり生活をしたりできなくなることを心配しています。診断によって何が起こるかを慎重に考え注意深く思考し、行動できると考えられます。

一方で、哲学的ゾンビか否かという「結果」に囚われてしまい、今まで全く問題なく付き合いを続けてきたという事実を忘れてしまっているのかもしれません。Cタイプの人が鍛えたい脳力は、柔軟な発想を持った思考力といえるでしょう。

↓26〜27ページのパズルで発想力を鍛えよう！

D TYPEの脳力

「知っても何も変わらないからホシノ相性診断を受けない」Dタイプの人は、すでに結婚まで考えるほど深い付き合いをしていても相手にクオリアがないと気づかないのですから、恋人がたとえ哲学的ゾンビであっても特に変わらず問題なく付き合っていけると判断し、知る意味がないとしました。さらに、いくら人には感情があるとはいえ、それも脳の電気信号によって情報を処理することで生まれているに過ぎません。そのうえで人と哲学的ゾンビとの違いを考え、クオリアがないことも個性の一つとして受け止めるという考え方もあるでしょう。

Dタイプの人は、論理的に物事を考えられる反面、「自分には関係ないから」と早い段階で思考を止めるクセがあるかもしれません。思考を止めると、その先を想像したときに生まれるかもしれない新しい考えにまでいきつくことができません。想像力を鍛えれば、持ち前の高い論理力にも磨きがかかるでしょう。

↓28〜29ページのパズルで想像力を鍛えよう！

Aタイプ 1

目標時間 2分

マークリンクパズル

マスを通りながら、同じマーク同士を線でつないでください。ただし、1つのマスは1度しか通過できません。また、マークの上は通過できません。

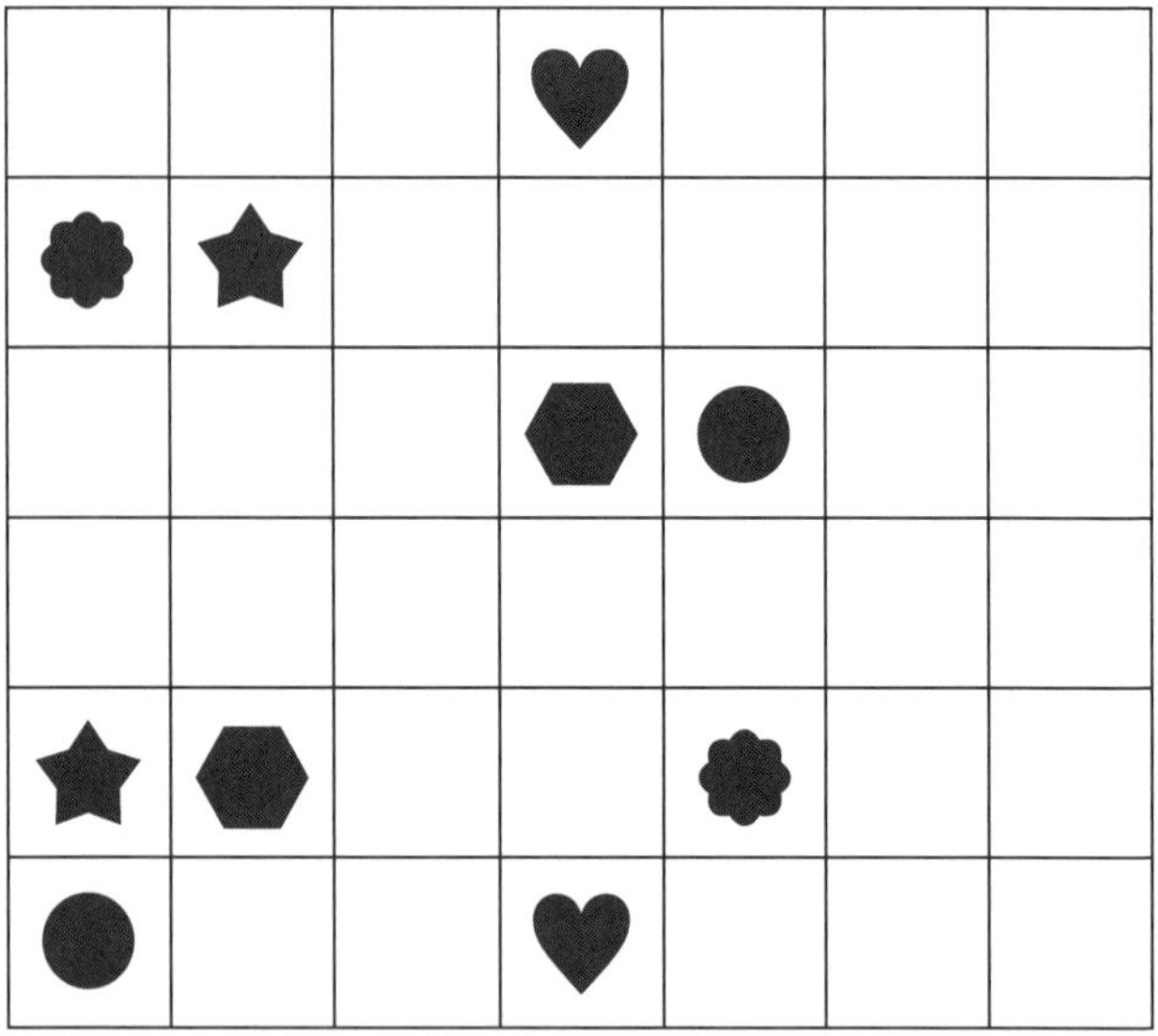

脳トレポイントとヒント

一気にマーク同士をつなげてみたり、確実に進められるマスからつなげたり、いろいろな方法で試行錯誤することで、洞察力を鍛えるパズルです。

◀ 答えはP.164へ

Aタイプ 2

グループパズル(1)

目標時間 3分

すべての部屋にすべての種類のマークが１つずつ入るように、線で区切ってください。

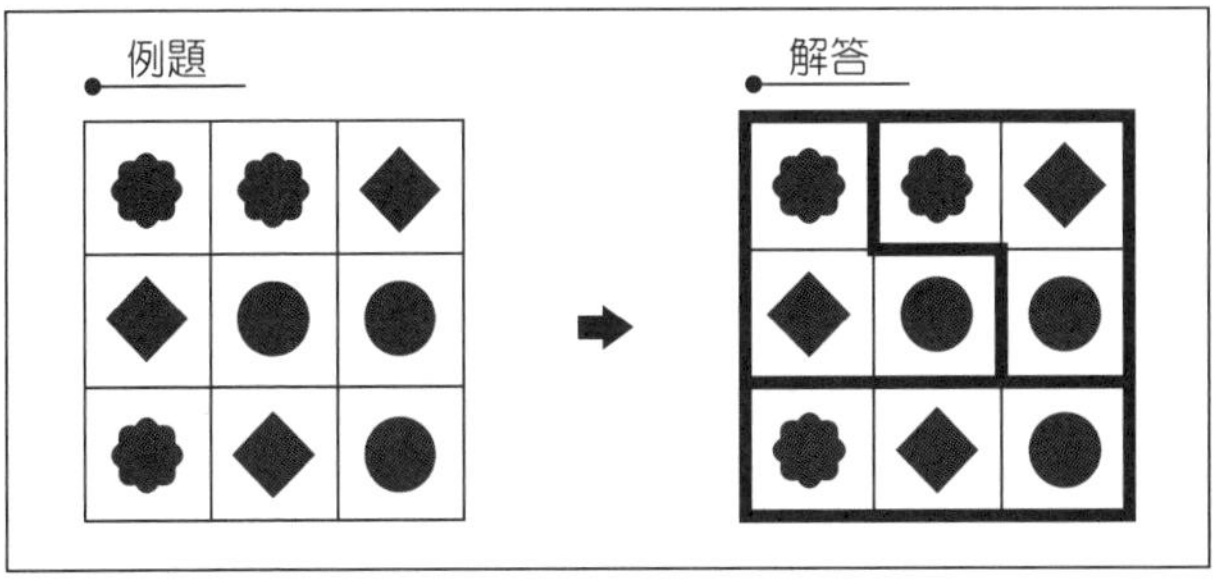

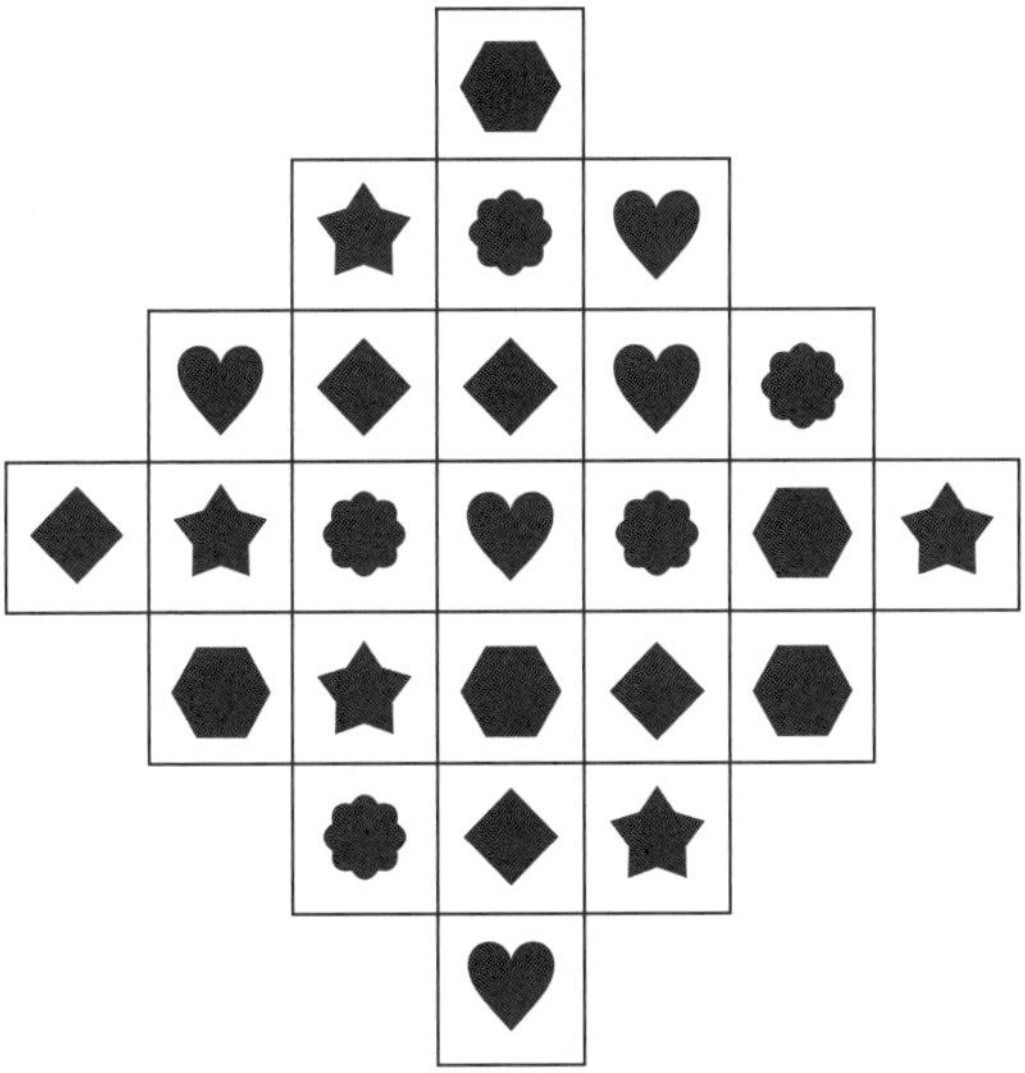

脳トレポイントとヒント

このマスとこのマスがグループだとしたら？ と考えたり、確実に壁になるところにラインを引いたりして解き進めましょう。

◀ 答えはP.164へ

Bタイプ 1

4×5の法則

目標時間 3分

法則を見破って「?」に入る数を当ててください。

12	8
2	18

13	?
5	3

21	14
5	27

5	3
0	9

10	6
2	12

脳トレポイントとヒント

法則を読み取るためには手がかりを生かして試行錯誤する力が欠かせません。かたまりごとにヒントを探してみてください。

◀ 答えはP.164へ

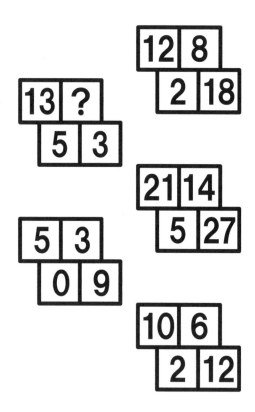

Bタイプ 2

トレジャーマップ(1)

目標時間 3分

数字は、そのマスの周囲のマス(ナナメを含む最大8マス)にある宝の数を示しています。数字のあるマスに宝はなく、宝は1つのマスに1つのみです。宝のあるマスはどこですか。

例題

		1	0
	3		
1		2	

➡

解答

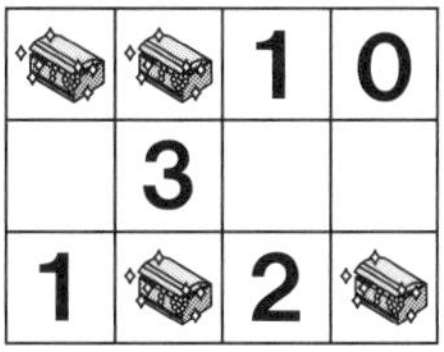

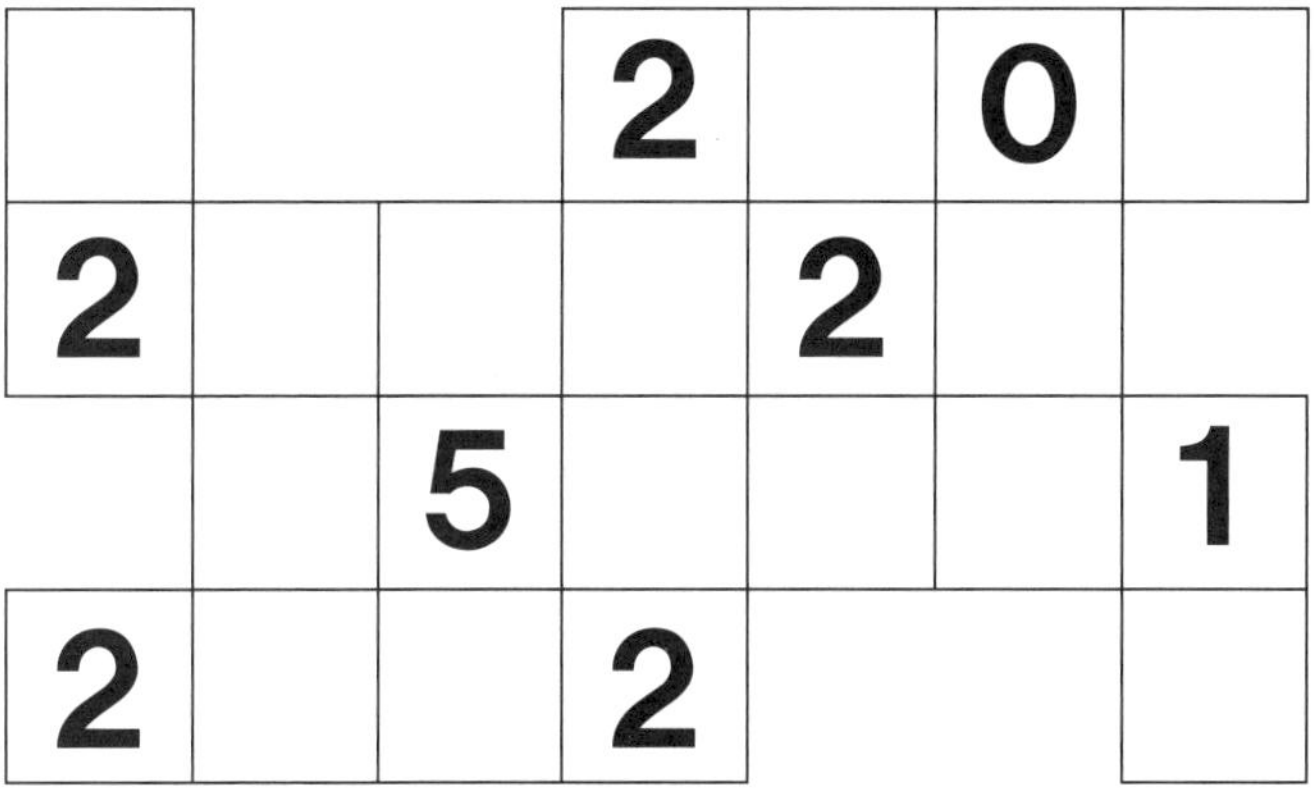

脳トレポイントとヒント

わかる情報を使って、いろいろな可能性を考えながら解き進めましょう。
まずは0の周りに×を書くことから始めてみてください。

◀ 答えはP.164へ

Cタイプ 1

同じ部首で熟語作成パズル

目標時間 3分

同じ部首をつけると、2字熟語になります。何という熟語ですか。

問題1

令　東

問題2

ヨ　云

問題3

召　戊

脳トレポイントとヒント

発想は記憶と記憶のリンクによって起こります。記憶の中から知っているはずの熟語を呼び覚ましてください。

◀ 答えはP.164へ

Cタイプ 2

日本語英語パズル(1)

目標時間 3分

上は日本語、下は英語で、同じ意味の言葉になります。それぞれ何が入りますか。

問題1

□□り

□ン□ニ□ンス

問題2

□□うこ□

□レン□

脳トレポイントとヒント

同じ意味を持つ英語と日本語ということを意識しながら、見えているマスを頼りに発想力を働かせて解くパズルです。

◀ 答えはP.164へ

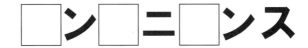

Dタイプ 1

四字熟語分割パズル(1)

目標時間 40秒

四字熟語が1文字につき4分割になっています。この四字熟語は何ですか。

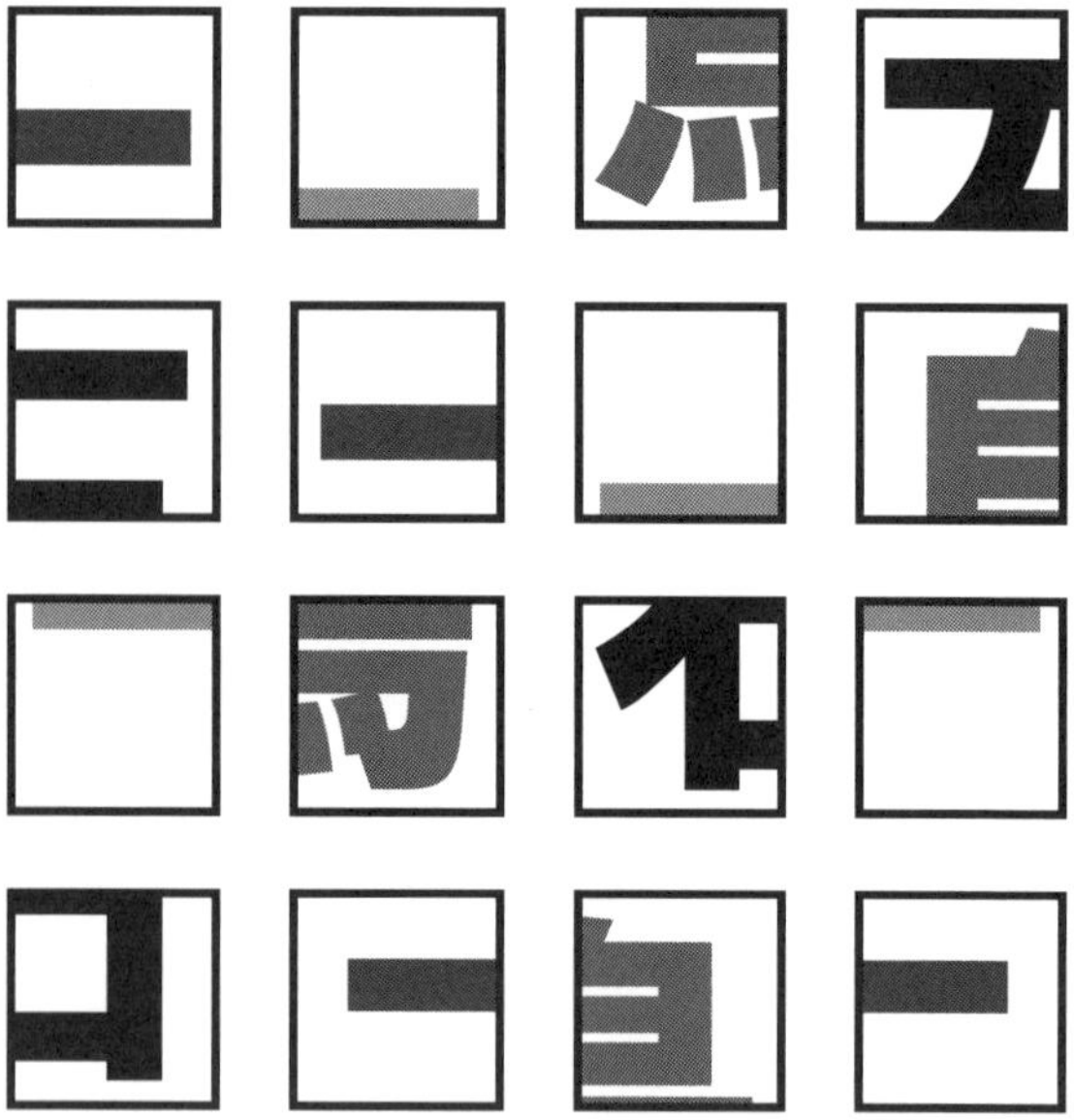

脳トレポイントとヒント

漢字の一部から、その漢字全体を、さらに漢字から四字熟語をとイメージをつなげていくパズルです。

◀ 答えはP.165へ

Dタイプ2

二重迷路

目標時間 3分

2枚の迷路を重ねたとき、どちらも白マスのところのみを通って、ゴールまで進んでください。

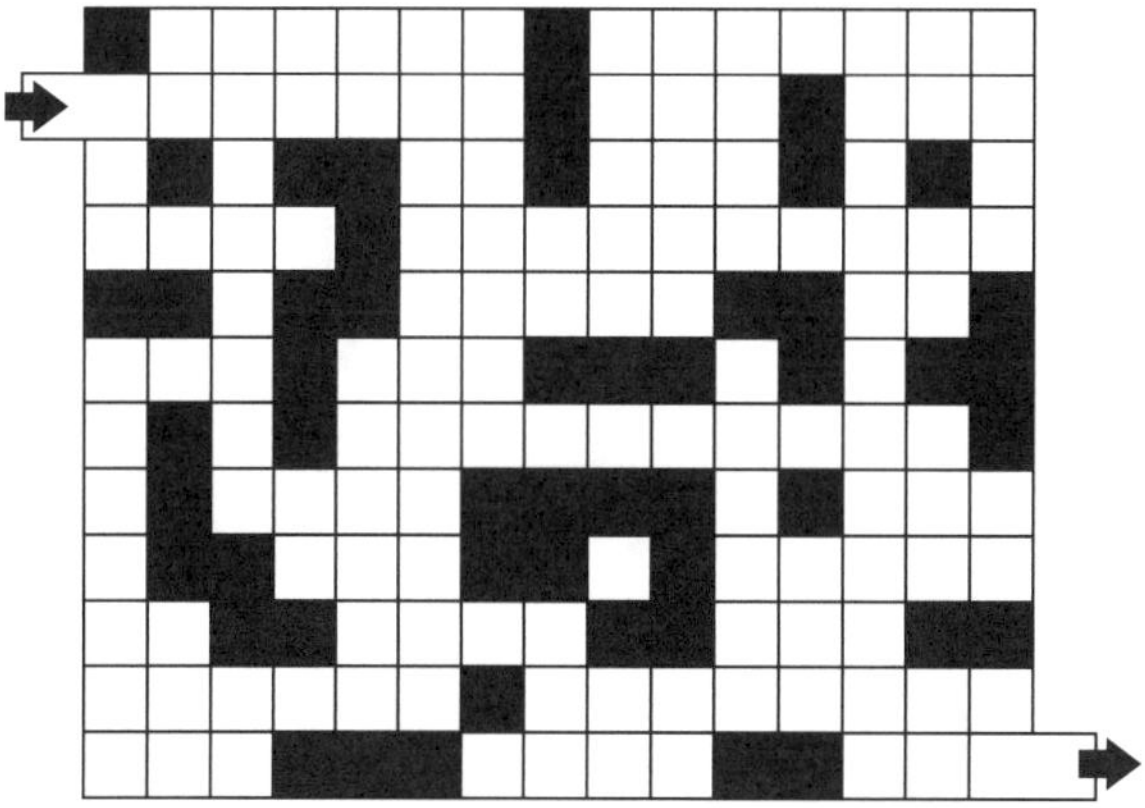

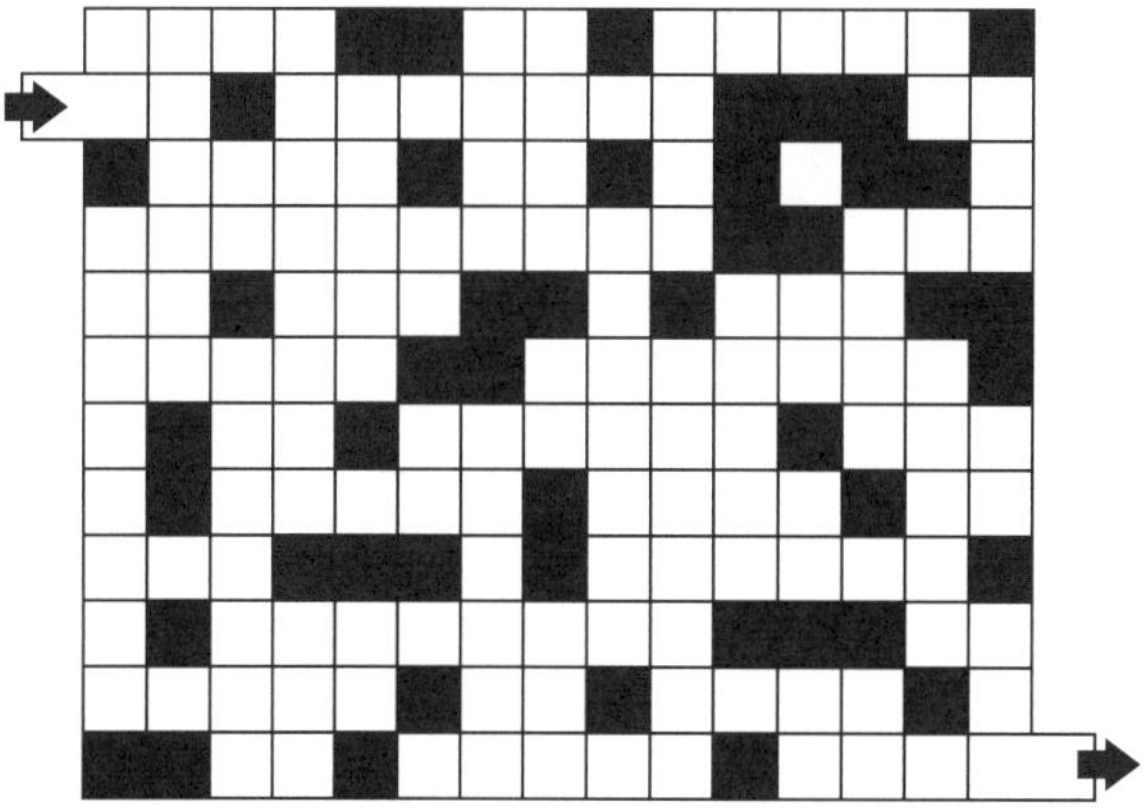

脳トレポイントとヒント

脳内で2枚を何度も重ねることで、右脳を刺激し、イメージする力が鍛えられます。

◀ 答えはP.165へ

『王族への暴言』

ある国の広場で、男が大きな声で次のようにいいました。

「女王は愚かだ。国の歴史すらまともに勉強していないうえに、毎日酒ばかり飲んでいる！　贅沢三昧で国民を愛していない！」

この国では公の場での王族への暴言は罪となります。

反省の度合いにもよりますが、「死ね」などの危険な暴言でない限りは、だいたい禁錮1〜5年程度の刑に処されることに決まっています。

確かに男のいう通り、国のリーダーにも関わらず、自国の歴史に対する知識が浅く、毎日多くの酒を飲み、贅沢ばかりしています。

本来ならすぐに捕まえて事情を聞くべきでしょう。しかし、警察は男を捕まえていいものか迷っていました。

その理由はただ1つ、現在のこの国の王は「女王」ではないからです。警察官の1人があなた（警察官）にいいました。
「明らかに現国王は男性であり、子どもにも女性はいないし、前国王も男性だった。〝女王〟という存在しない人物についての暴言で捕らえていいものだろうか？　どう思う？」
あなたがこの国の警察官だったとしたら、男を捕らえますか？

考えがまとまったら次のページへ◀

さて、あなたの選択は？

A

捕らえるべきだと思う。

発揮された力　推理力
鍛えたい力　熟考力

B

女王は存在しないので捕らえなくていいと思う。

発揮された力　分析力
鍛えたい力　推理力

C

架空の人物や他国の女王かもしれないので捕らえなくていいと思う。

発揮された力　想像力
鍛えたい力　論理力

アンケート結果と考察

「実在しない人に対する暴言」をどう処理するか？

「捕らえるべきだと思う」が32％、「捕らえなくていいと思う」が68％と、多数派はほぼダブルスコアで「捕らえなくていいと思う」となりました。

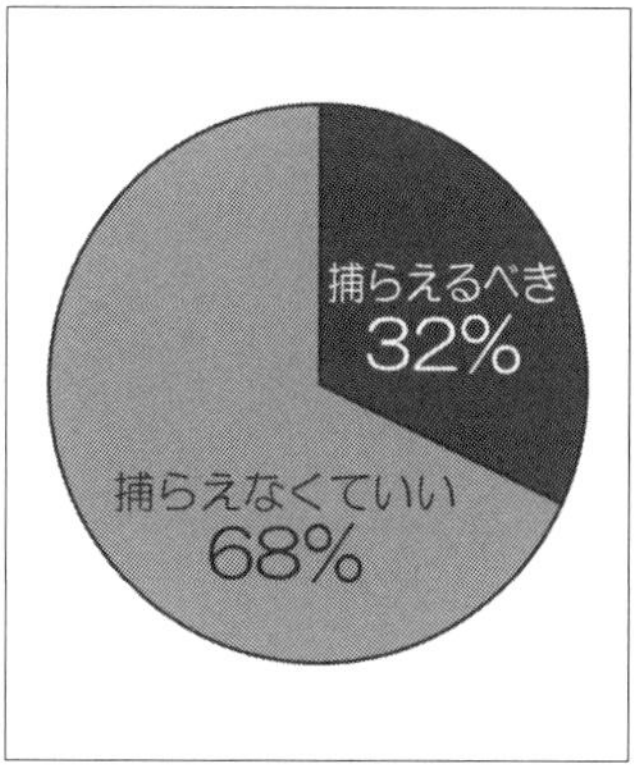

「捕らえるべきだと思う」とした人の意見は、「公の場での王族への暴言だから」「捕まらないために女王といっているだけで、明らかに国王に対していっていると思うから」「批判の内容から現国王への暴言だと判断できるため」「女王といっているが、王族への侮辱に変わりないため」「多くの人が特定の人物に対する誹謗中傷とわかる内容だから」など、女王は実在しないが、現国王への暴言であると考え、捕ら

えるとしました。

一方、「捕らえなくていいと思う」と考えた人の意見として、「女王は存在しないから」が最も多く、他にも「小説などの架空の人物への暴言かもしれないから」「他国の女王に対してかもしれないから」といった回答が見られました。

「捕らえるべきだと思う」とした人の多くが、暴言が国王に対してのものと解釈したのに対し、「捕らえなくていいと思う」とした人の多くは存在しない女王に対するもので、国王に対しての発言ではないと考えたことがわかります。

思考実験『王族への暴言』の物語の文章に、「その理由はただ1つ、現在のこの国の王は『女王』ではないから」とありますから、この「女王」をどう考えるかがポイントになります。

男の発言は具体的な内容で、警察が逮捕を迷った理由は女王がいないという点のみなので、この発言が暴言であることは明確です。

しかも、その内容は現国王を表現していると判断されても仕方のない内容です。

この発言を、国王への暴言と取るか、存在しない女王に対するものとするか、空想上の人物への暴言と考えるかが、選択の分かれ道となります。

A TYPE の脳力

総合的に判断して、この暴言が国王に対するものであり、女王といったのは何か意図があってのことだろうと高い推理力を働かせ、捕らえるとしました。

もし、国王の耳にこの言葉が伝わったとしたら、「自分のことでは？」と感じるでしょうし、公の場での王族への暴言が罪になるこの国で、大声でこんな発言をした男には何らかの意図があると考えるのは自然でしょう。

一方で、暴言の内容から現国王への発言であると安易に決めつけた可能性も残ります。この場合は、注意深く考える力「熟考力」が弱点とも考えられます。

↓38〜39ページのパズルで、熟考力を鍛えよう！

B TYPE の脳力

女王は存在しない。ゆえに捕らえる必要のあるケースには該当しないと、「女王」といった男の発言が「王族への暴言」にあたるのかを〝わかっている事実〟を元に考えたのがこのタイプです。その結果、今ある確実な情報を元に考えると、現行の法律では捕らえる必要はないのではないかと、分析力を生かして判断しました。確かに、「女王」は存在せず、男の発言を文字通りに受け取れば、王族への暴言にはあたりません。

ただ、発言の内容から、現国王への暴言を女王といいかえることで逮捕を免れながら、暴言を吐いたのではないかと推理する必要もあったでしょう。「男の発言の内容」や「男がわざわざ広場で暴言を吐いた」という、さまざまな事実（手がかり）を生かしながら、結論を導くときに主に働くのが推理力です。このタイプの方は、元々分析力が高いので、推理力を高めることで、物事をより多角的な視点で、より深く考えられるようになるでしょう。

↓40～41ページのパズルで、推理力を鍛えよう！

C TYPEの脳力

高い想像力や発想力を生かして、小説の中の話ではないか、他国の女王への発言ではないかとさまざまなケースを想定し、男の脳内を推察しながら思考しています。確かに、女王は現実には存在しませんから、小説の登場人物である可能性は否定できません。

しかし、この時点ではすべて検証不可能な予想に過ぎません。小説などの「設定自体で何でもあり得る世界」を持ってきて、それを捕らえない理由とするのは、逮捕しない理由を探すような発想ともいえます。これでは、論理的な思考にはなっていません。

想像力や発想力が高い人は横に思考を広げることが得意です。ここに、論理力という縦に思考を深掘りする力が加われば、より幅広い視野を持った考え方ができるようになるでしょう。

↓42〜43ページのパズルで、論理力を鍛えよう！

Aタイプ 1

2ピースジグソーパズル

目標時間 2分

①②のピースに組み合わせて円になるのは、それぞれどれですか。

①

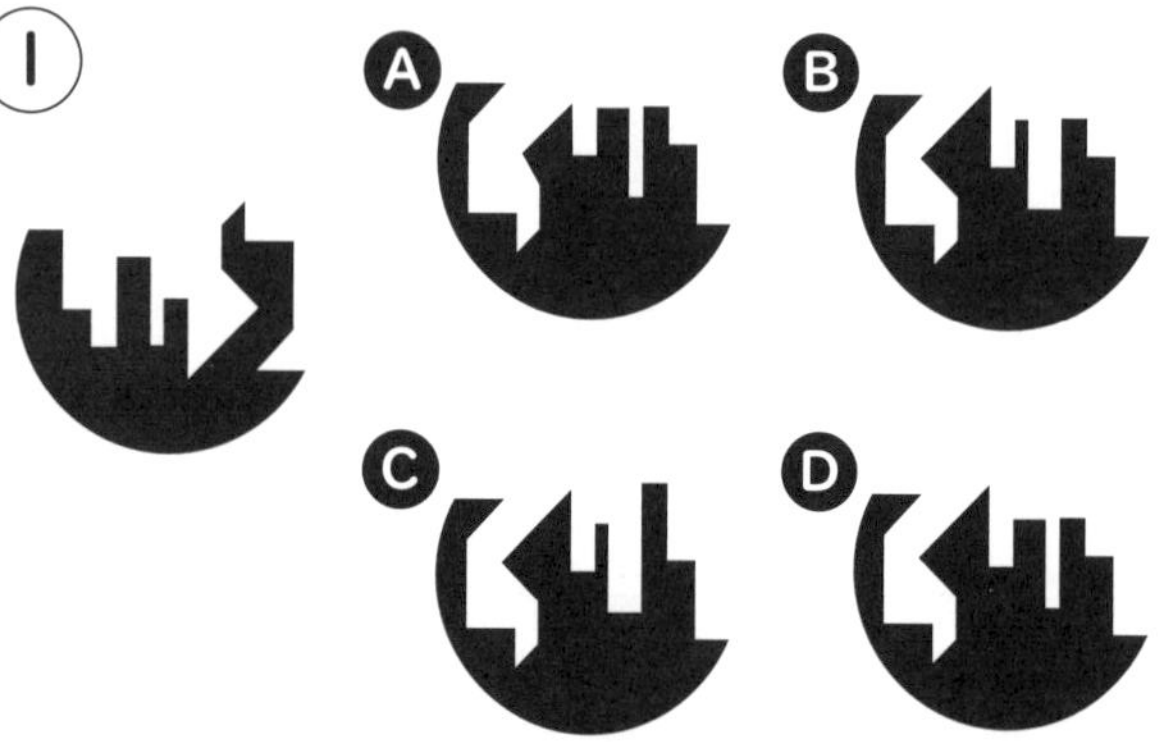

②

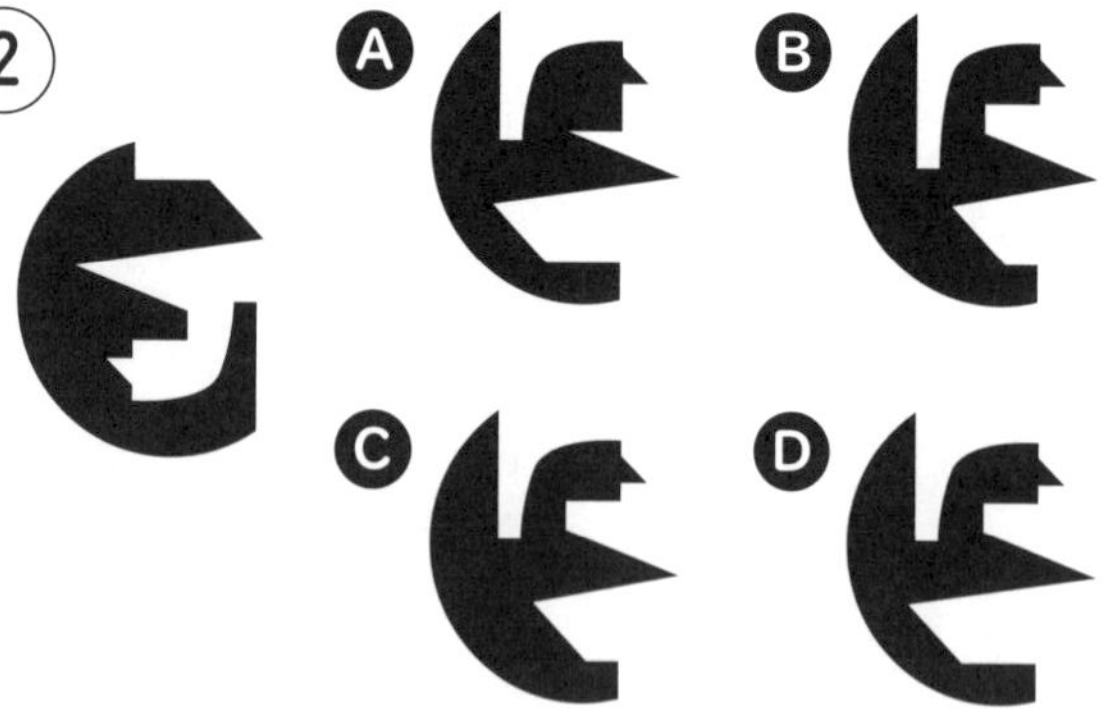

脳トレポイントとヒント

こまかな違いを見逃さない熟考力を必要とするパズルです。①②のピースか、Ⓐ～Ⓓのピースを回転させなければ、組み合わせられないので注意が必要です。

◀ 答えはP.165へ

Aタイプ 2

穴あきブロックパズル(1)

目標時間 5分

黒い■は穴を表しています。穴はまっすぐ、かたまり全体を貫くようにあいています。穴があいていないブロックはそれぞれいくつありますか。

問題1

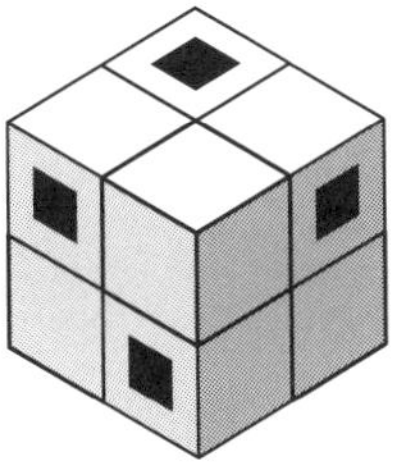

問題2

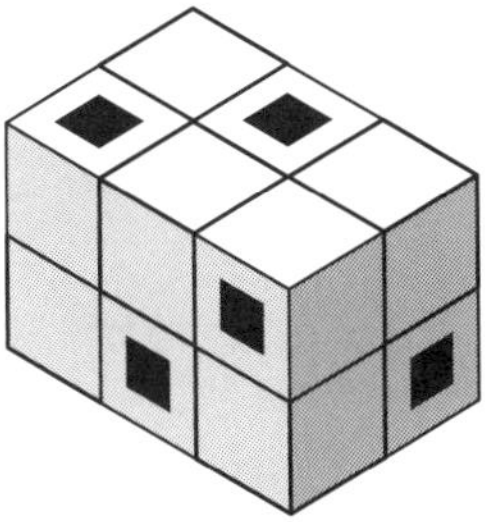

問題3

問題4

脳トレポイントとヒント

穴があいていないブロックは、上からも、側面からも穴が通っていません。どこから数えていくのかなど、自分なりのルールを決め、数えていきましょう。

◀ 答えはP.165へ

Bタイプ 1

4つの言葉パズル(1)

目標時間 2分

矢印の方向に読むと、言葉になるように、空いている4つのマスに1文字ずつひらがなをいれてください。

	さ	が	
し			む
あ			れ
	う	じ	

	ー	な	
ま			た
ぼ			み
	く	ば	

脳トレポイントとヒント

やみくもに文字を当てはめるのではなく、わかりそうなところから言葉を想像してみてください。気がつこうとする意識が推理力を高めるでしょう。

◀ 答えはP.165へ

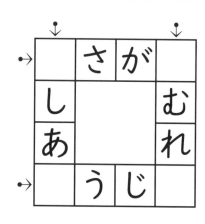

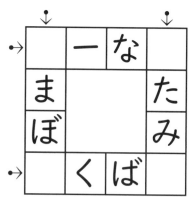

Bタイプ2

同じ文字入れパズル(1)

目標時間 3分

空いているマスに、問題ごとに同じ文字を入れて言葉を完成させてください。

問題1

○ぶら○げ

問題2

ま○き○こ

問題3

○か○ま

問題4

と○め○

問題5

こ○く○き

脳トレポイントとヒント

推理力を高めるには、何かに「気がつく」ための脳回路を鍛える必要があります。「あ」から順に入れていくのではなく、見えている文字をヒントに解いてください。

◀ 答えはP.165へ

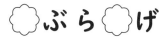

Cタイプ 1

ナンバープレース(1)

目標時間 20分

空いているマスに1〜9までの数字のどれかを入れます。ただし、タテの列とヨコの列には1〜9の数が1つずつ入り、太線に囲まれた枠内にも1〜9の数が1つずつ入ります。

7		3		6		2		9
		1	2	3	4	5		8
						6		
1		5	9	2		7		3
2		6		5		8		
3		8	7	4		9		5
4								
5	6	7	8	9				4

脳トレポイントとヒント

ルールのもとで各マスに入る数が1つずつ決まっていく論理力を必要とするパズルです。確実でないマスを予想で埋めないことがこのパズルの最大の注意点です。

◀ 答えはP.166へ

Cタイプ 2

ループコース(1)

目標時間 8分

●から●に、点線をなぞるように線を引いて、1つの囲みをつくってください。数字は、そのマスの周囲にある線の数を表しているので、その数に合わせて線を引きます。

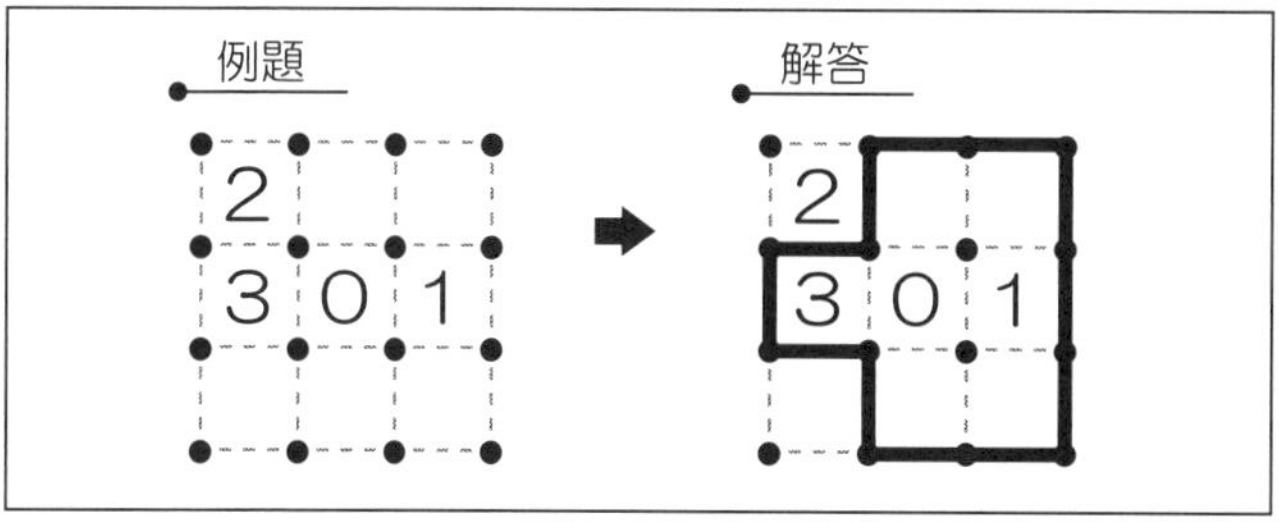

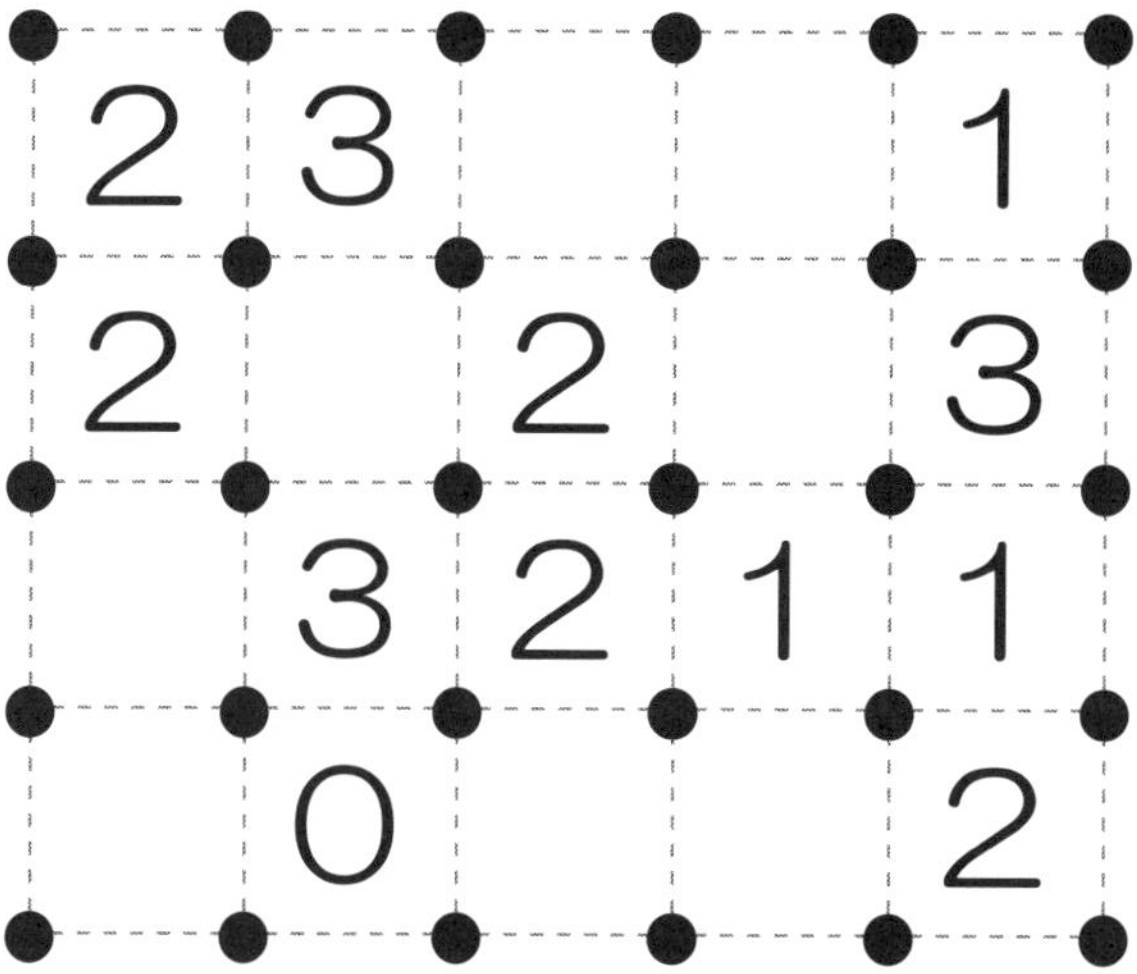

脳トレポイントとヒント

わかるところから順に確実性を持って線を引くことで、解き進める論理力を必要とするパズルです。

◀ 答えはP.166へ

『狙われた記憶』

怪盗ルパッチが予告状を送ってきました。

「あなたの記憶をすべていただく。話すことや、一般常識や、日常の動作をするための記憶は新たにセットしておくから、あなたは金助のままだ」

予告状を受け取った大富豪・金助は、名探偵ホームットに相談しました。すると、ホームットはこんな推理を展開したのです。

「ふーむ。ルパッチであれば記憶を盗むことはできるでしょう。ただ、ルパッチは自分のいっていることが間違っているとわかれば盗みを働きません。記憶をすべていただく？　金助のままだ？　なるほど。では、次の文章をルパッチに送りつけましょう」

◇ホームットからの手紙

記憶とは、その人がその人であるためのものだ。

記憶がなくなれば、それはもはや金助さんではなくなる。

よって、ルパッチは金助さんから記憶を盗むことができない。

その後、ルパッチとホームットは次のようなやりとりをしました。

◇ルパッチからの手紙

記憶喪失になった人は、その人ではないといいたいのかな?

この社会は、その人であるための条件に「記憶」を入れていない。

周囲が認めるのだから金助のままだ。

◇ホームットからの手紙

記憶喪失とは違う。盗まれるということは、脳内からなくなるということだ。

記憶喪失は記憶が封印されている状態で、脳内には存在している。
「思い出せない」と、「ない」のとでは全く別物だ。

◇ルパッチからの手紙
そういう話ではない。
金助は、記憶が盗まれたとしても金助として生きていくだろう。
盗んだ後、そこに残るのは「記憶を盗まれた金助」であって、他の誰でもない。
数年後、金助はこういうはずだ。
「私は数年前、記憶を盗まれてしまったのだ」と。
つまり、自分を金助と認識して、金助として話すということだ。

◇ホームットからの手紙
記憶は、その人をつくるすべてといっても過言ではない。
記憶を盗まれた金助さんは、以前の金助さんとは人格が異なるだろう。

記憶を盗まれれば、金助さんは金助さんではいられないということだ。

さて、この議論はどちらに軍配が上がったと感じましたか？

※記憶を盗むことはできるとします。

※「記憶を盗むことが悪い」という視点ではなく、どちらの言い分がより納得できるかを考えてください。

考えがまとまったら次のページへ ◀

さて、あなたの選択は？

A

怪盗ルパッチが正しいと感じる。

発揮された力 論理力

鍛えたい力 推察力

B

名探偵ホームットが正しいと感じる。

発揮された力 理解力

鍛えたい力 逆算力

アンケート結果と考察

怪盗ルパッチも名探偵ホームットも支持を集める結果に

怪盗ルパッチを正しいと感じた人は54％、名探偵ホームットが正しいと感じた人は46％で、いい勝負となりました。

怪盗ルパッチのほうを正しいと感じた人の意見は、「人格がなくても、記憶がなくても、金助という人物が実在している」「住民票などもあり、客観的に見れば金助である」「体はそのままだから」「金助じゃなくなるとしたら誰になるのかと思うから」と、確かにそこに存在し続ける金助を周囲から見た視線で語る回答が多く見られました。

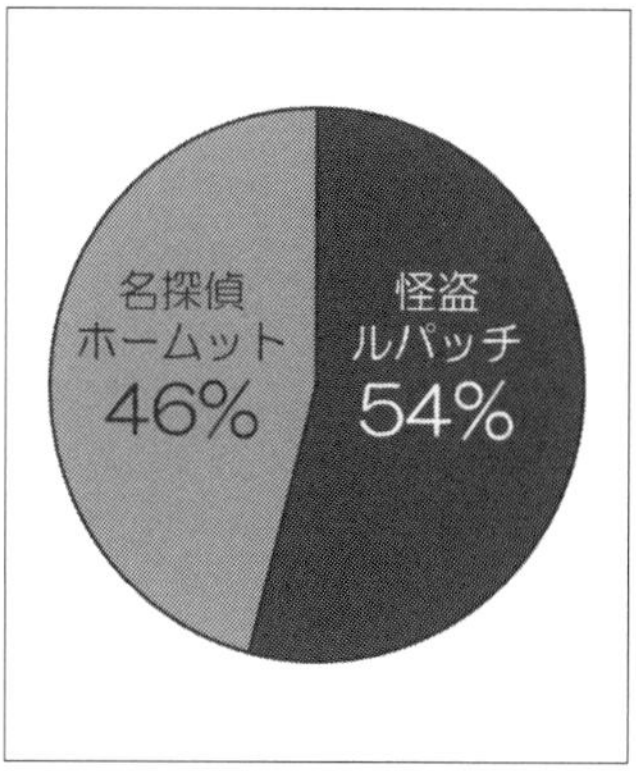

一方で、名探偵ホームットのほうを正しいと感じた人は、「記憶を盗む＝その人を殺すことだと思う」「記憶がその人をつくり上げると考えるから」「記憶がな

くなれば、外から見れば金助であっても、全く違う人になるから」「金助本人が、自分を金助と認識できなくなるから、金助のままとはいえない」と、記憶がなくなることで、金助は元の金助とは違うとする意見が多数を占める結果となりました。

2人の意見の差は、「何が金助であることを決定づけるか」にあります。

怪盗ルパッチは、盗んだ後も、周りから金助と認識され、社会の中で「金助」が「金助」として生きていく点から、「金助のまま」であるとしました。

「金助」の家があり、そこに住んでいる「金助」であることが確かで、何らかの写真付きの身分が証明できるものがあれば、そこには「金助」の写真と共に、「金助」の名前が記載されています。彼を金助でないと証明することは不可能です。

一方のホームットは、記憶がなくなれば金助でなくなるとしました。

金助本人は、自分が金助であるための手がかりである過去の記憶がないことで、自らが何者であるかを認識するすべを失ってしまいますから、「元の金助のまま」ではいられません。もし、金助が記憶を奪われた直後に名前を知るすべを持たずに異国に渡ったとしたら、全く別人として新たな人生を歩むことになるでしょう。

これは、元の金助とは別の人格になったということを意味します。人の性格の多くは記憶からつくられていきます。もし、金助が元々陽気で頑固で強気な性格だったとしても、記憶を奪われた金助は陰気で優柔不断でおっとりとした性格に変貌するかもしれません。

A TYPEの脳力

記憶が盗まれても、周囲は「記憶がなくなった金助さん」と認識するでしょう。そして、金助本人も周囲から事情を聞いているうちに、確かに自分が金助だとすればすべてつじつまが合うと理解し、自分を「過去に記憶を盗まれた金助」と認識するはずです。

記憶は自分が思うよりも曖昧で、確実に「こう経験した」と思っていることが実は全く違う経験だったということも多々あるものです。こうなる理由の1つは、私たちの脳は記憶を思い出すたびに、記憶内容を更新してまた記憶庫にしまうという作業をしており、その過程で記憶そのものが変化していくからです。ここから、金助も、周囲から「あなたは金助である」と教えられ、確かに金助として扱われることを実感する過程で、新しい記憶がつくられ、「昔の記憶を断片的に覚えている」といいだすかもしれません。記憶は無からつくられることもあるのです。こうなると、本人も周囲もますます記憶を盗まれた金助を「金助である」とするでしょう。

この選択肢を選んだ人は、論理的に考えることに長けた一方で、金助本人の立場で考える推察力は発揮されなかったといえます。推察力を鍛えるとより深いレベルで物事を考えられるようになるでしょう。

↓54〜55ページのパズルで、推察力を鍛えよう！

B TYPE の脳力

記憶喪失になった人が、自分の名を思い出すことなく別の名前で生きていくことがあるように、家族と再会して「釣りが趣味だった」と教えられても同じように好きになるとは限らないように、記憶はその人らしさを形成するために不可欠なものです。

金助の場合も、記憶が盗まれる前の「あの金助」ではなく、新しい金助となると考えたほうが自然です。

もし、金助と弟の金次郎がいたとして、彼らの記憶が入れ替わったとしたら、金助の体の人は「私は金次郎だ！」といい、金次郎の体の人は「私が金助だ！」といい、譲らないでしょう。

記憶は、昨日の自分と今日の自分が同一人物であると認識するための唯一の手がかりですから、それがなくなることは、昨日までの金助ではなくなったことを意味すると考えて間違いないでしょう。

金助の側に立って考える、相手の心を理解する力に優れる一方で、社会の中の金助として考えれば、「記憶が盗まれた後の金助に対して彼が金助である」と証明するものばかりが存在しますから、先のことを見据えて逆算する思考を鍛えておくと、さらに総合的な思考力が深まりそうです。


↓56〜57ページのパズルで、逆算力を鍛えよう！

Aタイプ 1

ブロックカウント

目標時間 3分

前から見た絵と、後ろから見た絵があります。ブロックは何個ありますか。

例題

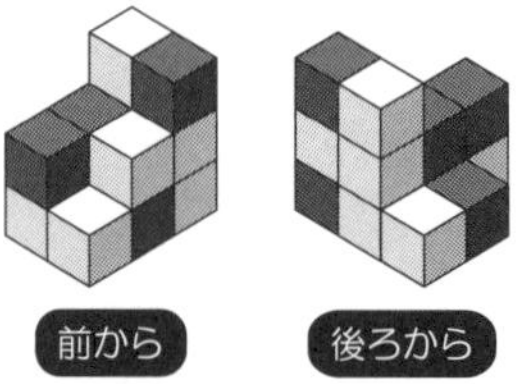

解答

➡ 15個

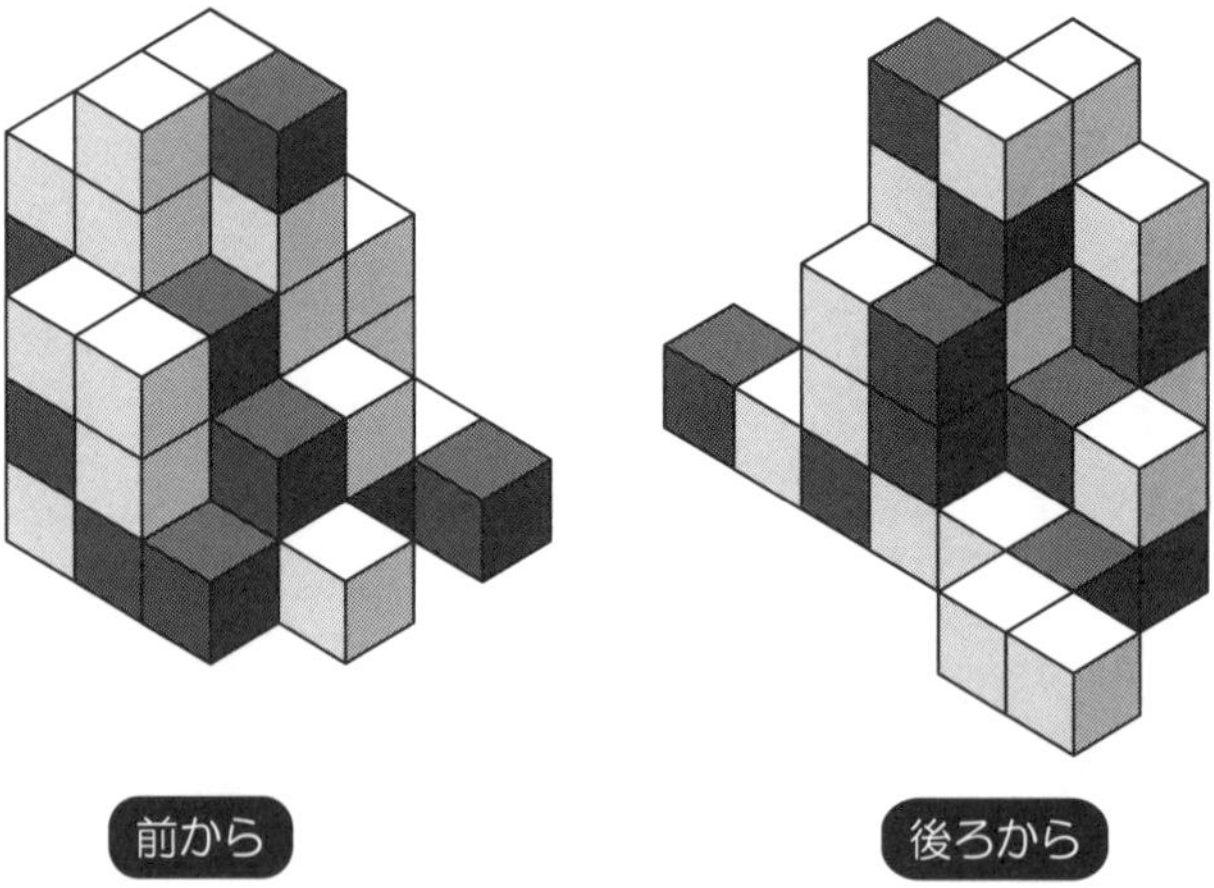

脳トレポイントとヒント

正面から見たときのどのブロックが、裏面から見たときのどのブロックに当たるのか、正面から見えないブロックはどれかなど、空間をイメージしながら解くパズルです。

◀ 答えはP.166へ

Aタイプ 2

四字熟語分割パズル(2)

目標時間 40秒

四字熟語が1文字につき4分割になっています。この四字熟語は何ですか。

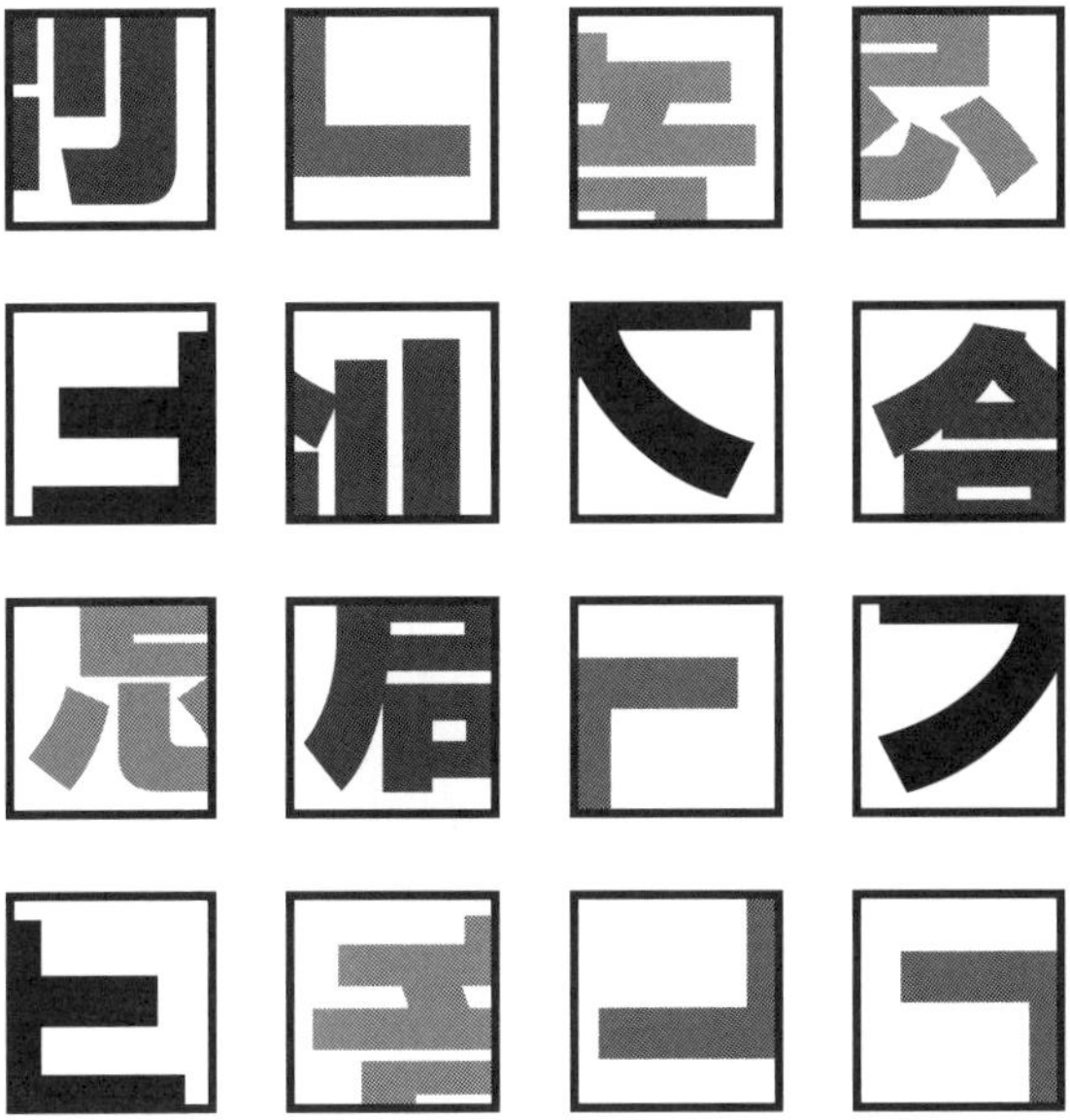

脳トレポイントとヒント

漢字の一部から、その漢字全体を想像し、さらに漢字から四字熟語をイメージして解きましょう。

◀ 答えはP.166へ

Bタイプ 1

目標時間 6分

水を計る

以下の質問に答えましょう。

水がたっぷり入っている水瓶と2つの容器があります。
これ以外に水を移しておける入れ物はありません。
8ℓと11ℓの容器を使って、6ℓを計ってください。

脳トレポイントとヒント

容器が他にないということは、水瓶以外のどちらかの容器に計った水が入っている状態がゴールです。そうなるためにはどうやって水を移していけばいいのか、逆算しながら解く必要があります。

◀ 答えはP.166へ

Bタイプ 2

オイルフロア

目標時間 8分

●は、上、下、右、左方向に一直線に動きます。床はオイルによってツルツル滑り、障害物である壁（濃い灰色のマス）か●に当たらない限りはマス外まで滑っていってしまいます。すべての●を、薄い灰色のマスに乗せてください。

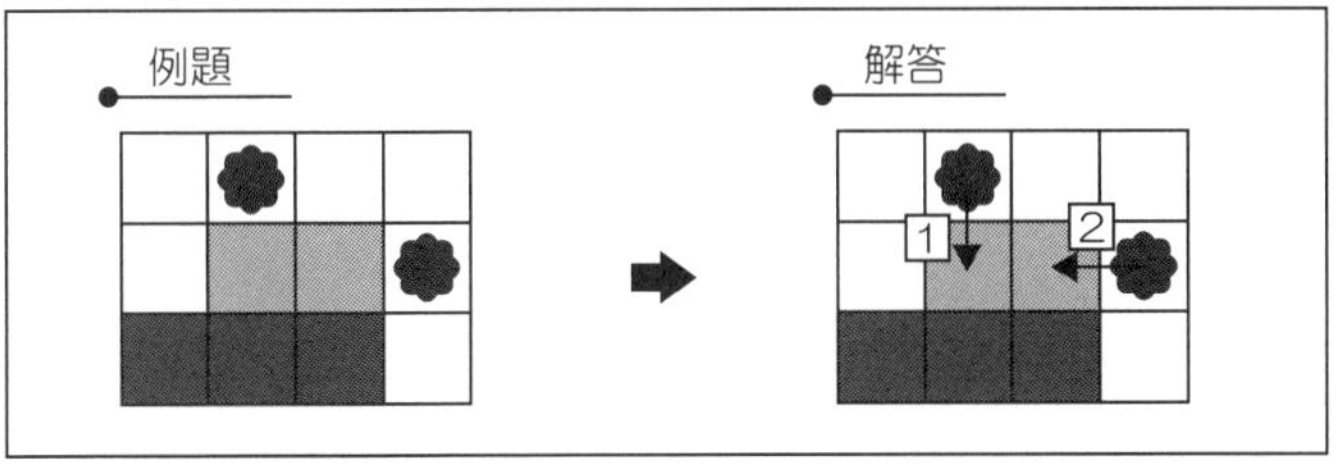

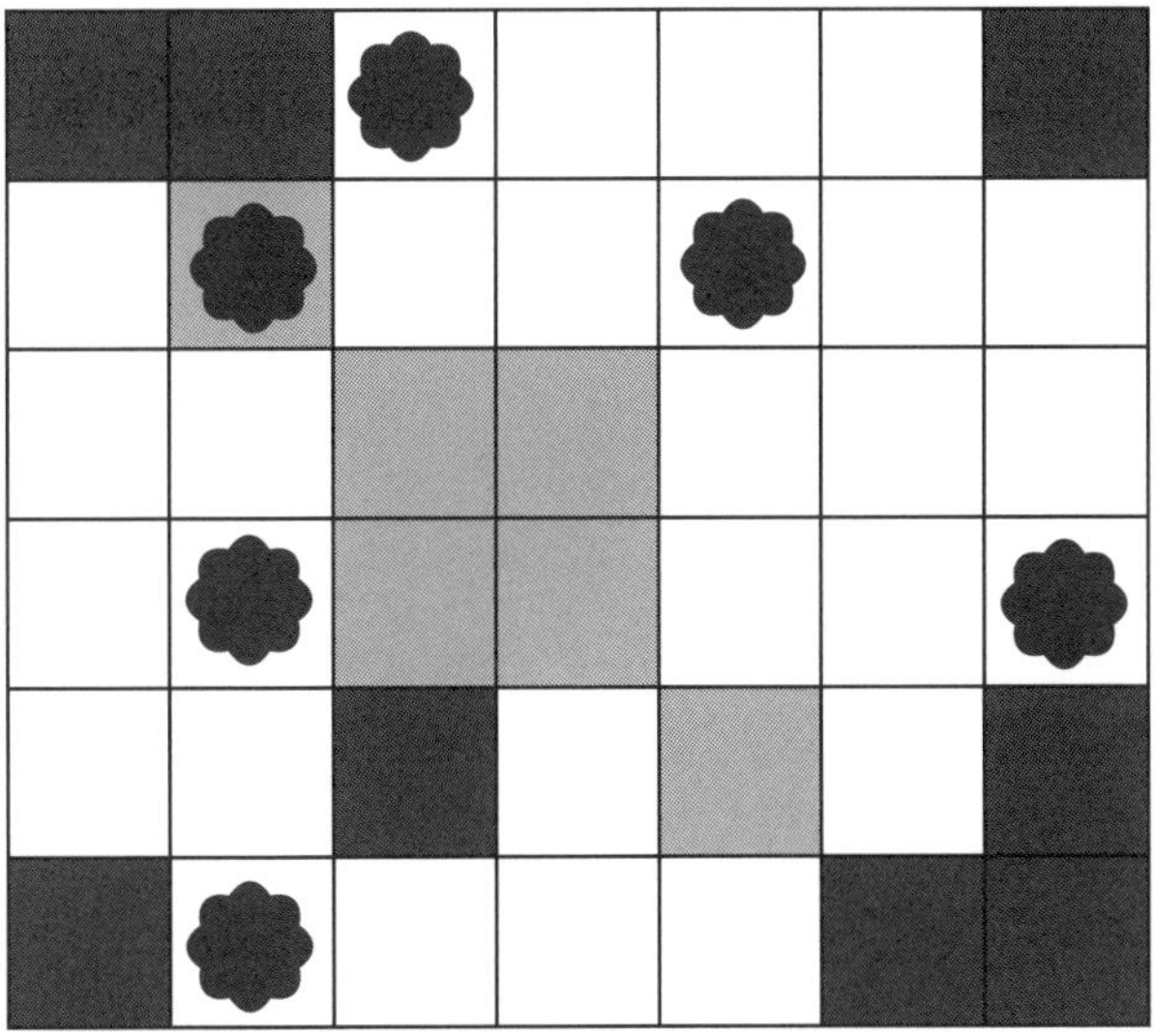

脳トレポイントとヒント

最終的に薄い灰色のマスにすべてのコマが乗っていることをイメージしながら、頭の中でコマを動かしていく逆算力が生かされるパズルです。

◀ 答えはP.166へ

『満室の無限ホテル』

無限に部屋のある、ホテルがあります。
ホテルの部屋番号は1号室からはじまり、2号室、3号室……と無限に続いています。
ホテルは今満室です。

そこに、あなたが客としてやってきました。

「うーん、満室だね。仕方ないから他をあたろうか」

しかし、ホテルから出てきた係員は、こういいました。

「大丈夫ですよ、お客様。すぐに部屋をご用意します」

「満室ですよね？」

「いえ、ここは無限に部屋のあるホテルですから大丈夫です」

するとこんなアナウンスがホテル全体に流れました。

「すべてのお客様にお願いいたします。部屋番号が1つ大きい部屋に移ってください。お手間をおかけして大変申し訳ありません。新たにお客様がお見えです。ご協力をお願いいたします」

「……。満室なのに……」

「さあ、お客様、1号室にお入りください」

「……ありがとうございます」

無限の世界では、係員のいうことが可能なのですが、あなたはどう感じましたか？

A：満室なのに泊まれるはずはない。それ以上考えない。

B：理解が難しいと感じる。

・客に1つずつずれてもらわなくても、自分が最後の部屋に泊まればいいのでは？

・1つずつずれてもらったら、最後の客はどうなるの？

など、疑問が浮かぶ。

C：係員のいうことがわかったので、すんなり1号室に泊まる。

考えがまとまったら次のページへ◀

さて、あなたの選択は?

A

満室なのに泊まれるはずはない。それ以上考えない。

発揮された力 決断力
鍛えたい力 試行錯誤力

B

理解が難しいと感じ、疑問が浮かぶ。

発揮された力 試行錯誤力
鍛えたい力 数学力

C

係員のいうことがわかったので、すんなり1号室に泊まる。

発揮された力 数学力
鍛えたい力 応用力

アンケート結果と考察

無限は捉えにくいという結果に

Aの「満室なのに泊まれるはずはない。それ以上考えない」が4％、Bの「理解が難しいと感じ、疑問が浮かぶ」が73％、Cの「係員のいうことがわかった」が23％となり、多数派は圧倒的にBとなりました。

この無限ホテルは、ドイツの数学者ダーフィット・ヒルベルトによって考え出されたもので、「無限」の部屋が「満室」になり、そこに来た新たな客が「宿泊できる」という、有限の視点で生きている私たちには理解しがたい要素が含まれることから、数学的には正しいものの、直観と大きく離れているという一種の「パラドックス」です。

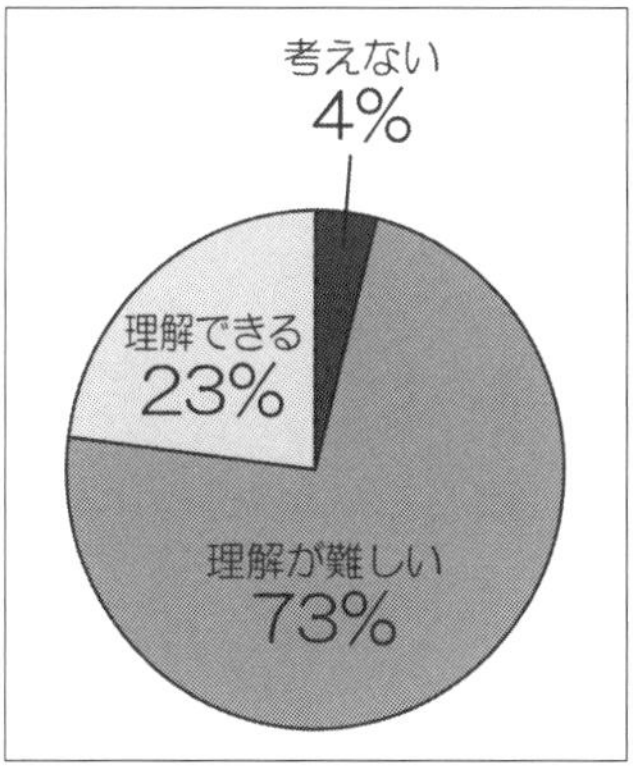

Aを選択した人は、「無限の部屋が満室になるはずはない」「満室ならば泊まれ

ないだろう」などと考え、それ以上の思考を止める選択をしました。

Bを選択した人は、「無限に部屋があるのに満室になるのは矛盾している」「最後の部屋に新たな客を泊めないのがなぜかわからない」「今、最後の部屋に泊まっている客はどうなるのか?」等の疑問を持ったようです。

Cを選択した人は、「無限の世界にいる以上、係員のいうことが可能」「部屋が無限に生まれるのだろうかと思う」「係員のいう通りに従えばいいと思う」等、完全に理解した回答と、「係員の説明を鵜呑みにすることで穏便に宿泊という目的を果たそう」という回答に分かれました。

無限ホテルが満室ということは、客も無限にいるということです。

ここで多くの人が、「新しい客が来ても満室だから泊まれないのでは?」とか、「1つずつずれなければいけない理由は?」「最後の部屋に新しい客が泊まればいいのでは?」等の疑問を持つでしょう。

このホテルを理解するためには、有限の世界の常識を取り払う必要があります。

まず、無限のホテルが満室という点は、無限の客がいて、どの部屋も空いていていないのだと考えてください。そして、最初の部屋は1号室です。無限に部屋が続いているのですから、「最後の部屋」の番号はありません。例えば、600兆番目が最後の部屋なら、これは「有限ホテル」になってしまいます。1つずつ部屋をずれていくなら、最後の客はどこに行くのか？という疑問は、次の式で何となく理解できるかと思います。

さて、この2つの式で、3の数はどちらのほうが多いでしょうか？小数点第一位に「0」があると3が1つ少ない、と考える人はいないでしょう。

この小数点第一位のところが空き部屋になった部屋と考えれば、新しい客も泊まれそうと思えてきませんか。

1÷3＝0・3333…

0・1÷3＝0・03333…

A TYPEの脳力

このホテルの最初の不思議は、「満室」と書いてあるのに、係員が「すぐに部屋をご用意します」というところです。ここで、「満室なのになぜ泊まれるのだろう？」と感じるでしょう。そして、その疑問が解消されることなく、「お客様、Ｉ号室にお入りください」と案内されます。

ここで、「満室なのに泊まれるはずはない……なぜだろう？」と思考が進んでいかず、それ以上考えないとシャットアウトできるのは、「考えない」と決め込む決断力がゆるぎない一方で、「なぜ」と疑問を持つ心や、試行錯誤していく脳の力も、このときはシャットアウトしてしまったと考えられます。

→68〜69ページのパズルで、試行錯誤力を鍛えよう！

B TYPEの脳力

今回、多数派となった、「理解が難しいと感じ、疑問が浮かぶ」を選択した人は、普段私たちが生活する有限の常識からは考えにくい無限の世界について、あれこれと考え続ける試行錯誤力があると考えられます。

この思考実験で係員のいうことを理解するには、高い数学的な思考力が必要です。数学的な問題に取り組むと、脳のいつもと違う回路を使うことができ、これまでとは違った角度で物事を考えられるようになるでしょう。

↓
70～71ページのパズルで、数学力を鍛えよう！

C TYPE の脳力

係員のいうことがわかったので、すんなり1号室に泊まるというCタイプの人は高い数学力を持っています。無限の理解はそれほど簡単なものではないからです。しかし、その理解がもし、「わかったつもり」の要素を含んでいるとしたら、「わかった」と考えた時点で、思考が止まってしまいます。

本当に「わかっている」のかをもう一度考えてみることで、その知識を「応用できる力」に変えることができるでしょう。

そこで、応用力が向上するパズルにトライし、高い数学力をさまざまなものに応用して使う力を鍛えていきましょう。

↓
72～73ページのパズルで、応用力を鍛えよう！

Aタイプ 1

詰め込み熟語盤

目標時間 12分

数字が書かれたマスからはじめて、上下左右に1文字ずつ漢字を書きながら進みます。各数字から書き始める熟語は下のリストにあります。同じ漢字を使う場合、マスを共有できます。すべての熟語をマスの中に収めましょう。

例題

3 好		
	2 用	1 未

1 未来図
2 用意周到
3 好機到来

解答

3 好	機	図
周	到	来
意	2 用	1 未

	7 合		2 針	
	5 言		1 羅	
9 意		4 一		6 大
己	3 知			
				8 一

1 羅針盤　2 針小棒大　3 知己朋友《ちきほうゆう》
4 一葉知秋《いちようちしゅう》　5 言行一致　6 大安吉日
7 合言葉　8 一日千秋　9 意気投合

脳トレポイントとヒント

リスト内の熟語、全34漢字を25マスに収めるために、試行錯誤力が必要になるパズルです。

◀ 答えはP.167へ

Aタイプ 2

サムクロス(1)

目標時間 20分

マスの上側に数字がある場合、その数字は右方向に連続するマスの合計値、マスの下側に数字がある場合、その数字は下方向に連続するマスの合計値です。白いマスには、異なる1から9までの整数が入ります。すべての白いマスを埋めてください。元々入っている数字は足すことができません。

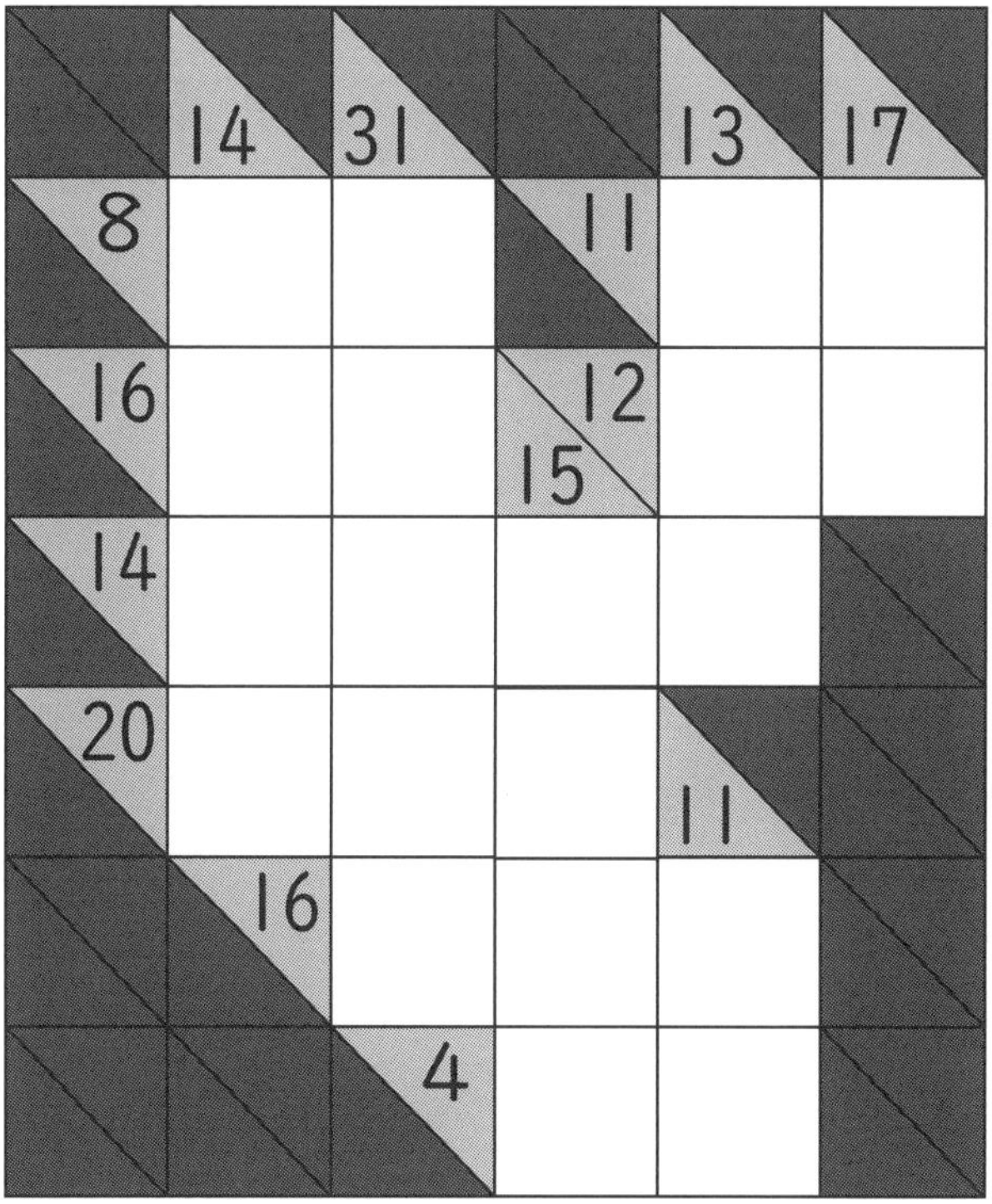

脳トレポイントとヒント

常に一手先のことも考えながら、突破口を探っていく試行錯誤力を必要とするパズルです。2マスで「4」や「17」は組み合わせが限られるので、このあたりから考えてみると進みやすいでしょう。

◀ 答えはP.167へ

Bタイプ 1

アルファベットの計算式

目標時間 6分

A〜Fには、1〜9の異なる数が割り当てられています。どの数がどのアルファベットなのかを推理してください。

$$A + B + C = 10$$

$$D + E + G = 21$$

$$C \times E = 30$$

$$C \div A = 2$$

$$D - F = 3$$

脳トレポイントとヒント

5つの計算式から6つのアルファベットに隠れた数を考える、数学力を使うパズルです。まずは、「6＋7＋8＝21」など、条件に合うような計算を何度かしてみると、解き方が見えてくるでしょう。

◀ 答えはP.167へ

Bタイプ 2

ヘキサム

目標時間 10分

タテ、もしくはナナメにつながるマスの数字を足すとすべて等しくなるように、空いているマスに数を入れてください。

例題　　　　　　　　解答

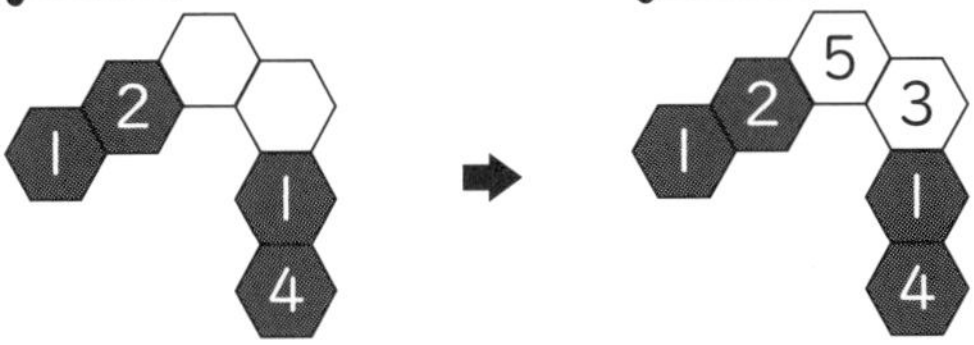

1＋2＋5＝8
3＋1＋4＝8
5＋3＝8

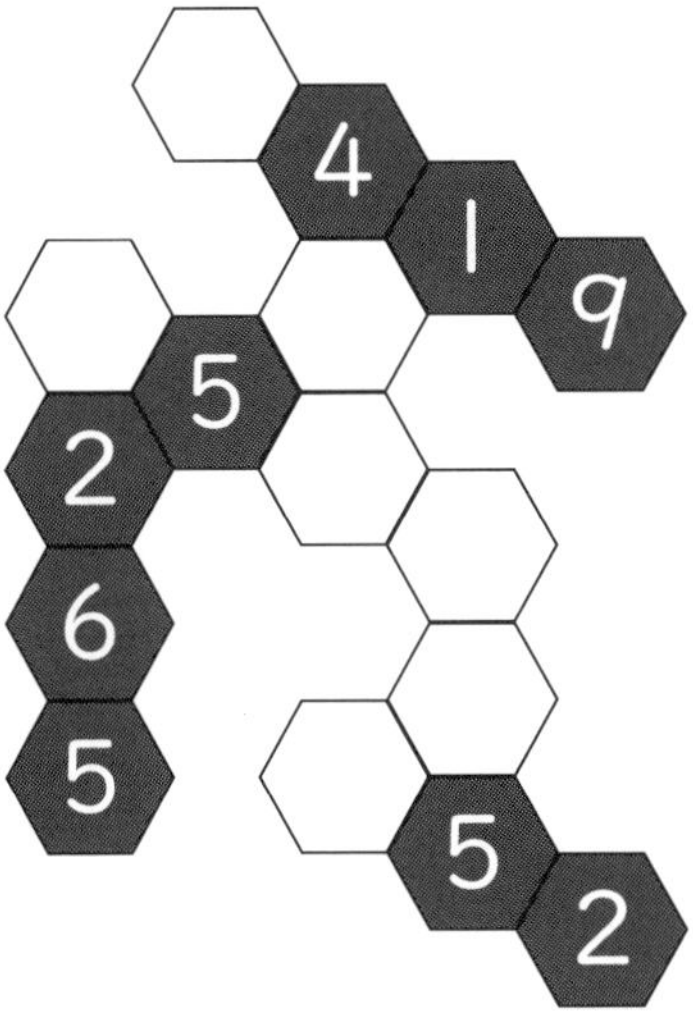

脳トレポイントとヒント

直線状につながるマスの数の合計が同じというルールから、どんな解き方が考えられるのかと、数学力を駆使して解いていくパズルです。

◀ 答えはP.167へ

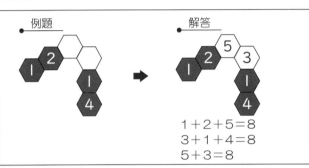

Cタイプ 1

ブロックの断面

目標時間 8分

正面、右横、真上から見た図があります。ブロックはいくつありますか。組み立てられたブロックの全体像をイメージして答えてください。

例題

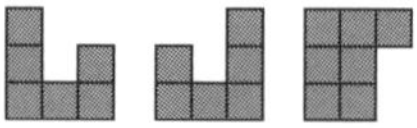

こちらが正面

正面　右横　真上

解答

11個

問題1

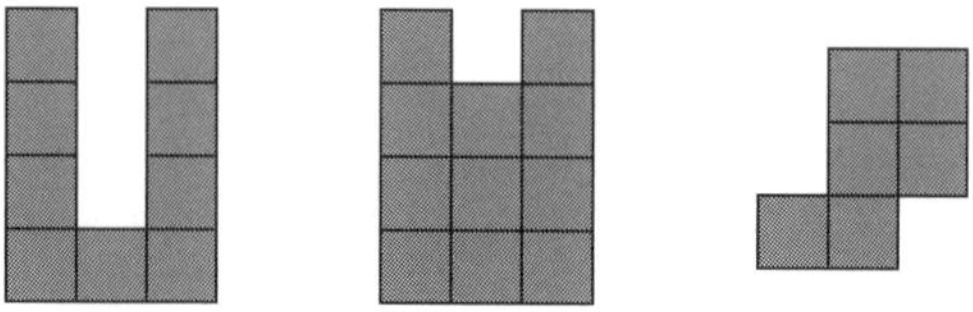

〈こちらが正面〉

正面　右横　真上

問題2

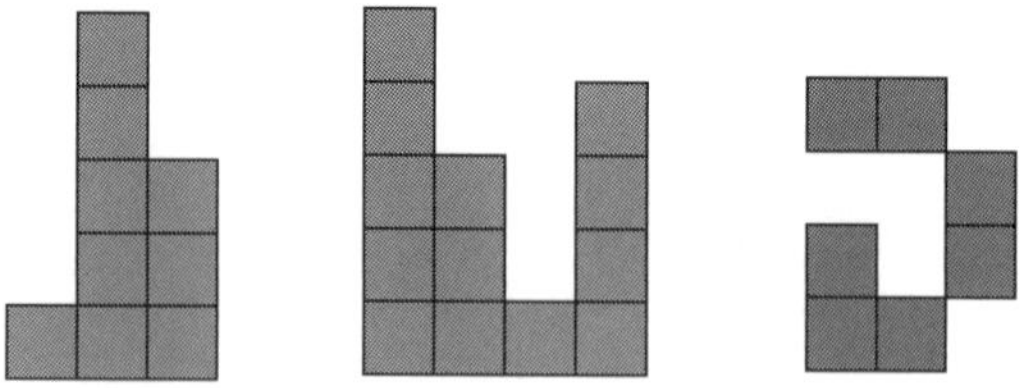

〈こちらが正面〉

正面　右横　真上

脳トレポイントとヒント

正面、右横、真上という3カ所から見た図を元に分析して、積み上がっているブロックをイメージし、ブロックの数を答えるには応用力が不可欠です。

◀ 答えはP.167へ

C タイプ 2

展開図と立方体

目標時間 10分

Ⓐ~Ⓓの展開図は、組み立てるとそれぞれ「いろはにほへとち」のどれになりますか。

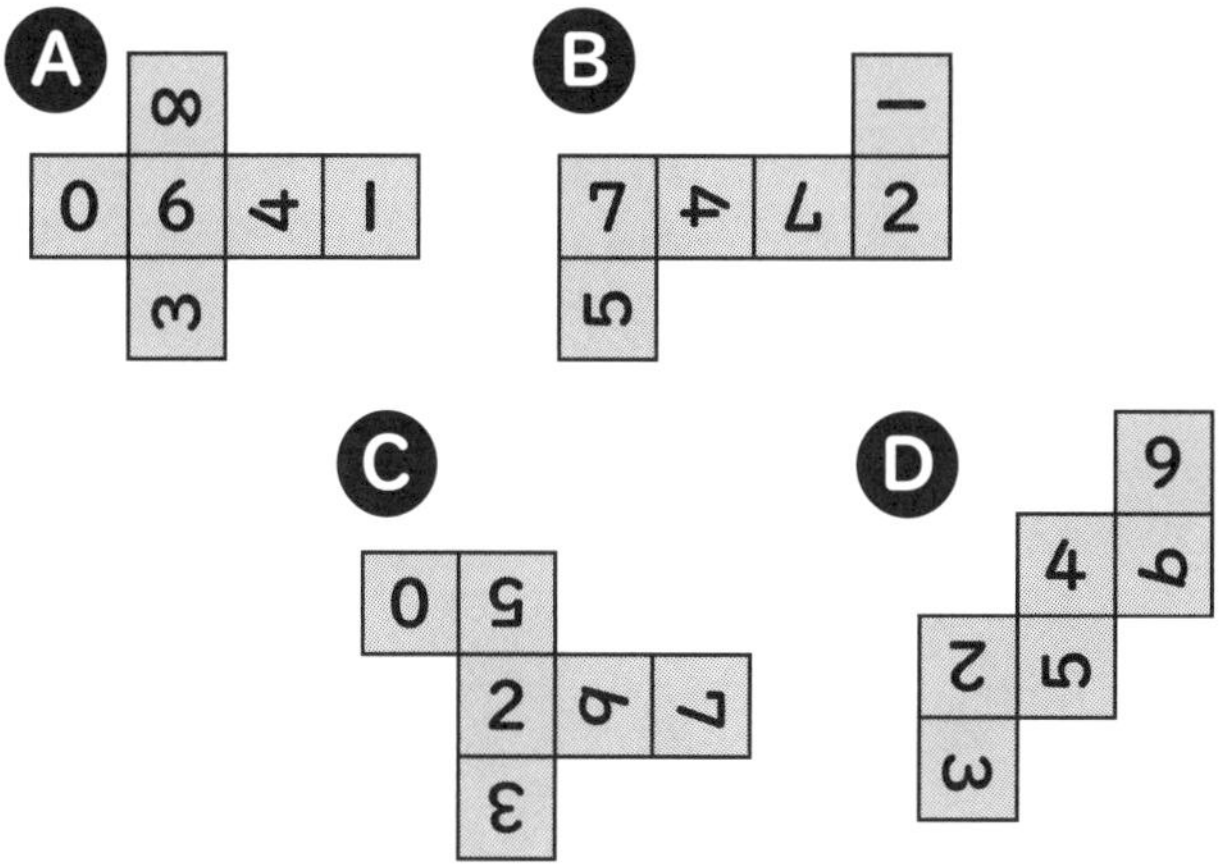

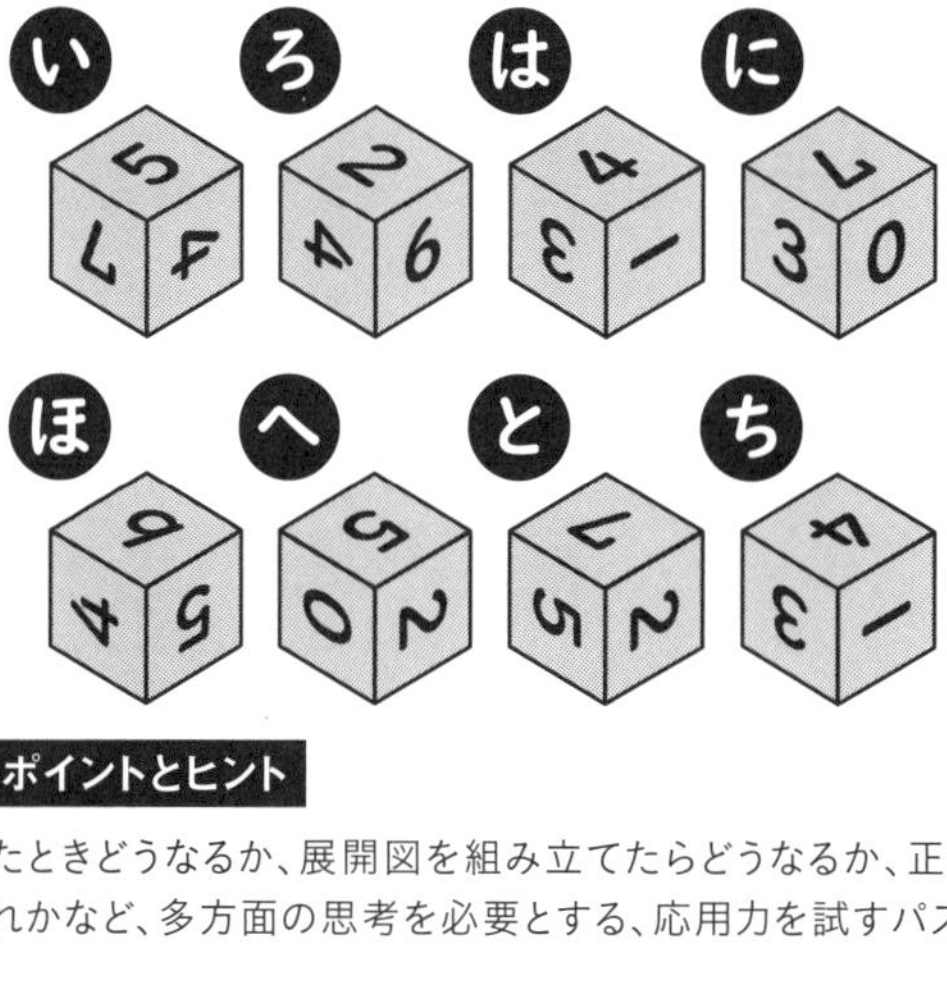

脳トレポイントとヒント

回転したときどうなるか、展開図を組み立てたらどうなるか、正しい選択肢はどれかなど、多方面の思考を必要とする、応用力を試すパズルです。

◀ 答えはP.167へ

『読めない文章』

人類が絶滅してから2万年が過ぎ、地球に新たな知的生命体たちがやってきました。

彼らは自分たち以外の知的生命体が住んでいたことは知っていたものの、あまり多くのことは知らずに地球にやってきました。

そして、日本にあたる場所で妙な箱を見つけます。

「やけに立派な……というか、丈夫じゃないか？　開けてみよう」

「沢山の絵と共に……これは……文章……ではないでしょうか？　ようやく地球からのメッセージを見つけました。我々の言語とは全く違います」

「……これは誰も解読できないかもしれん」

彼らが見つけた紙は、ある人が晩年、後世に残してもいいかなと思った知識だったりを、ただ何となくＡ４の紙５枚に書き綴《つづ》ってみたメモ書きでした。

巡り巡って人類が遺《のこ》した永久保管庫に紛れ込んでいたらしく、奇跡的に残っていたのです。彼らは何年も解読をしようと挑戦しましたが、ついに誰も解読できずに終わり、謎の５枚として厳重に保管されることになりました。

この５枚以外に、人類の文章は何一つ遺されませんでした。


さて、ある人が綴った5枚は、彼らから見て、言語といっていいでしょうか？それとも、彼らにとって解読できなかったのだから、その時点では言語とはいえないでしょうか。

自分が、地球に降り立った『彼らの一員』であるという目線で考えてみてください。

彼らにとって、『言語』といえるでしょうか。

考えがまとまったら次のページへ◀

さて、あなたの選択は？

A

全く読めなくても、彼らにとって言語といえると思う。

発揮された力　論理力
鍛えたい力　発想力

B

誰にも読めないなら、彼らにとって、その時点では言語とはいえないと思う。

発揮された力　分析力
鍛えたい力　試行錯誤力

アンケート結果と考察

読めなくても「言語」が多数派

地球に新たにやってきた種族の誰も読めなくても、それは「言語」であると考える人が83％の多数派となりました。

多数派である「全く読めなくても、彼らにとって言語といえると思う」とした人の意見には、「解読できない言語である」「これは文章ではないでしょうか、とか、我々の言語とは全く違います、といっているから、彼らも言語と認識している」「読めなくても外国語が言語であるのと同様にこれも言語だと思う」「繰り返し出てくるフレーズなどを解析することで、何かしらの文章であると判断できると思う」など、読めなくても、言語と判断できるとしました。

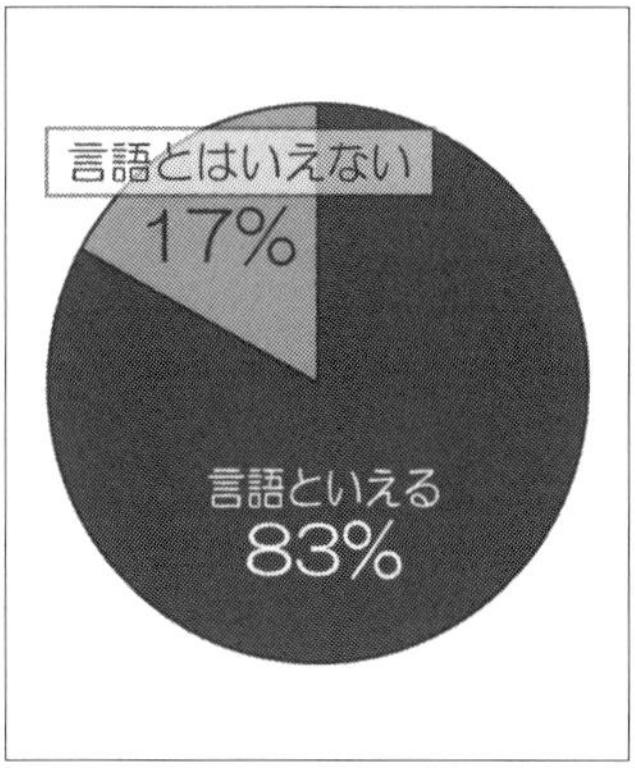

一方で、「誰にも読めないなら、彼らにとって、その時点では言語とはいえないと思う」とした人は、「言語は『読む』もの。記号や図画、絵画は『見る』もの。読めないのであれば言語というのは難しい」「言語は相手に意味が伝わって初めて意味を成すものである」「言語ではなく、現時点では言語かもしれないものだと思う」「言語というより文字っぽいカタチや記号だと思う」と、意思疎通ができない謎の5枚に書かれた文字のようなものは、彼らにとっては言語とはいえないとしました。

A TYPEの脳力

言語といえるとしたAタイプの人は、「読めるから」「読めないから」ではなく、そこに書かれた文章らしきもの自体が言語であると判断できるのか、に焦点を当てました。たとえ誰も解読できなくても、謎の5枚の文章にはおそらく繰り返し「〜だ。」とか、「は、」とか、「私」とか、決まったワードが複数回出てきたでしょう。それらによって、当時使われていた言語なのではないかと推察することは可能であると考えられます。

解読不能な文章として有名なヴォイニッチ手稿は、ただ読めないだけでなく、多くのイラストが描かれているのにそこから推測しても解読できませんでした。それでも、学者たちは言語が書かれていると確信を持ってその文章を読もうとしたのです。

自転車は壊れても「壊れた自転車である」ように、謎の5枚に書かれた文章らしきものは読めなくても「読めない言語」であると結論づけることができます。言語として書かれたと判断できるから言語であるという、階段を上がるような確実な思考を積み上げたAタイプの人は、論理力を発揮したと考えられます。

もし、謎の5枚が人間のいたずらで実際に意味をなさない、彼らにとって文字でもないものだったとしたら……と発想を変え、つまり、さらに「発想力」を発揮して考えてみると、また違う思考が広がるかもしれません。

→82〜83ページのパズルで、発想力を鍛えよう！

現時点で言語とはいえないと考えたBタイプの人は、言語とは伝わって初めて言語であるとしました。

例えば、理解できない外国の言語は、その国で実際に意思を伝える手段として使われていますが、謎の5枚は地球に降り立った種族の誰も解読できないので、誰にも意思を伝えることができていません。このことから、現時点で言語とは呼べないと考えました。

言語とは、人の感情や意思を表現し、それを相手に伝えるための手段として使われるものです。それは言語を使うもの同士の共通のルールがあって初めて伝わるもので、そのルールは時代によって変化します。言葉は時代によって変化しますし、その意味も180度変わってしまうこともあります。

思考実験『読めない文章』の場合、その文章を書いたであろう種族は自分たちとは全く異なる生き物ですから、たとえ解読できたとしても意味は全く伝わらないかもしれません。全く伝わらない文章の意味を無理やりに解釈しようとすれば、幾通りもの意味が生まれ、結果として言語としての役割を果たせない可能性も高まります。

全く解読できない5枚は、書かれた時点では言語であったと推測できても、現時点では言語と呼べるほどの役割を果たしていないと判断できます。

言語であるためには目的が果たされる必要があると考えたBタイプの人は、高い分析力を駆使して物事を考える力があるといえるでしょう。

さらに、謎の5枚からどの程度意味が伝わったら言語と呼べるのか？　と試行錯誤して考えてみる力が鍛えられれば、思考はより深まり、脳に新たな刺激も加わって面白いでしょう。

↓84〜85ページのパズルで、試行錯誤力を鍛えよう！

Aタイプ 1

図形パズル

目標時間 5分

同じ長方形が5個並べられています。「?」は何センチですか。

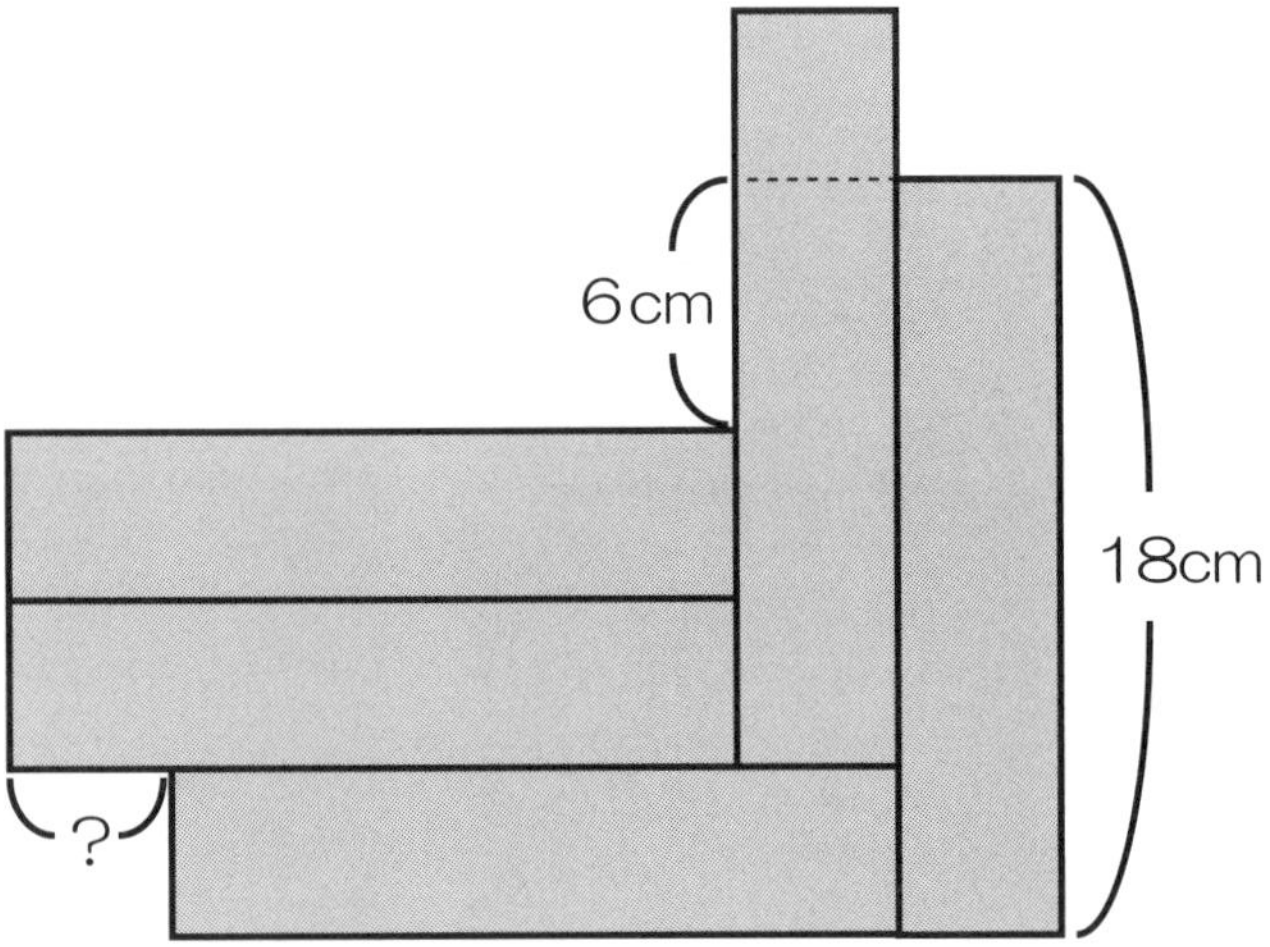

脳トレポイントとヒント

限られた情報から、さまざまな場所の長さを考えていきます。発想力を意識すると一気に答えにいきつくかもしれません。

◀ 答えはP.168へ

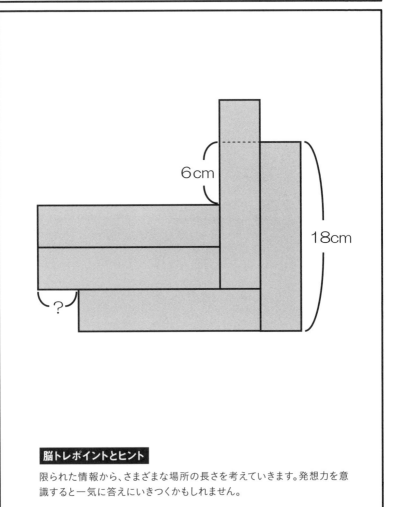

A タイプ 2

くるたん(1)

目標時間 4分

「?」に1文字ずつ補って、右回りに読むと、何という単語になりますか。

問題1

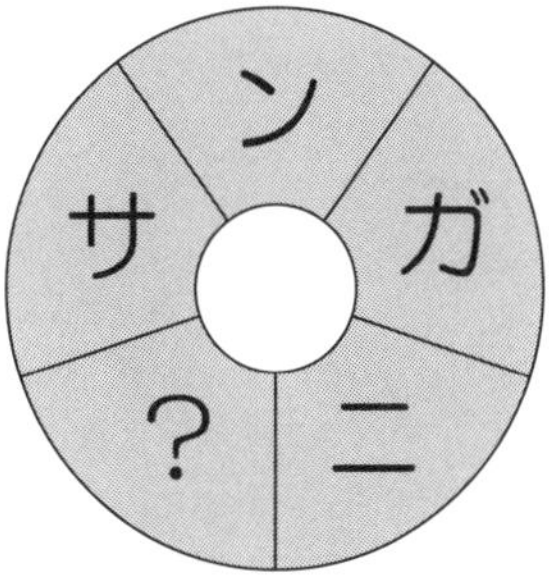

問題2

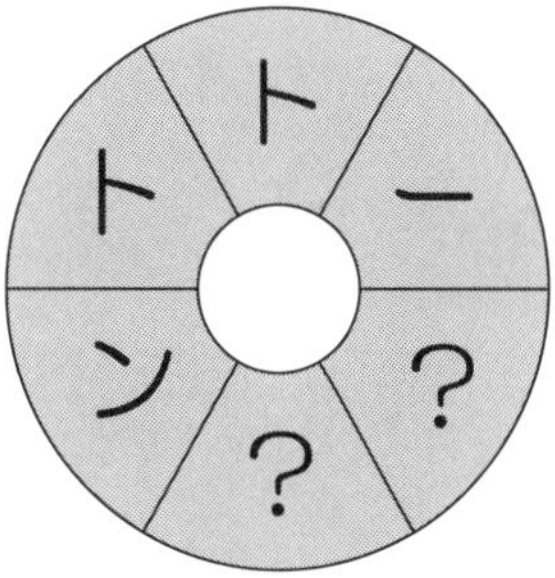

問題3

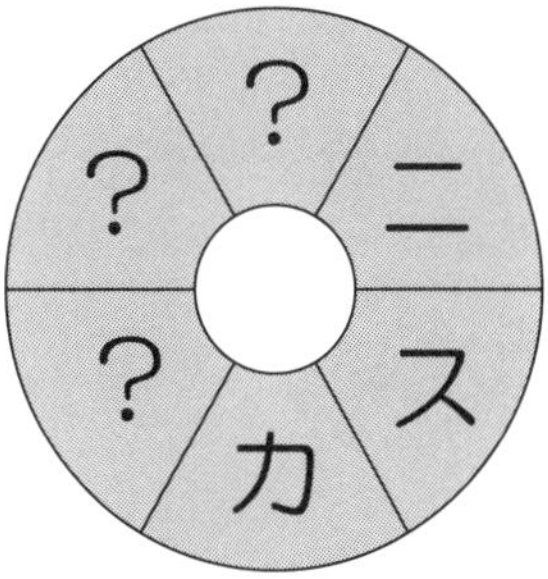

問題4

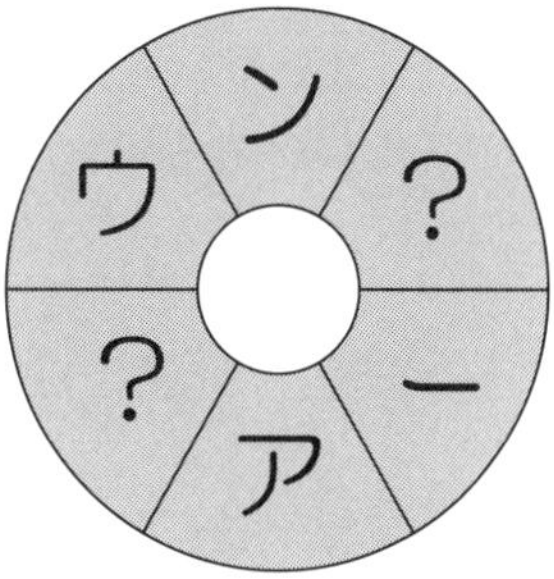

脳トレポイントとヒント

いくつかの文字をヒントに、一気にひらめくこともあれば、右回りに何度も読むことでひらめくこともあるでしょう。発想力を意識して解いてみてください。

◀ 答えはP.168へ

Bタイプ 1

橋掛けパズル

目標時間 15分

各数字はそこから何本の線が出ているかを表しています。
上下左右の白い道に数字の通りに線を書いていきましょう。ただし、線はすべてつなげてください。

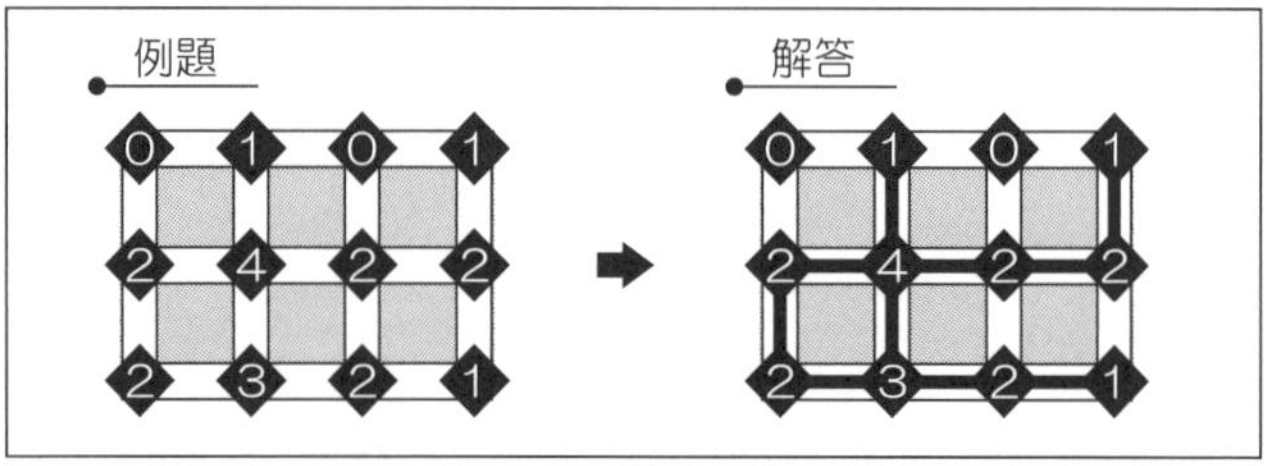

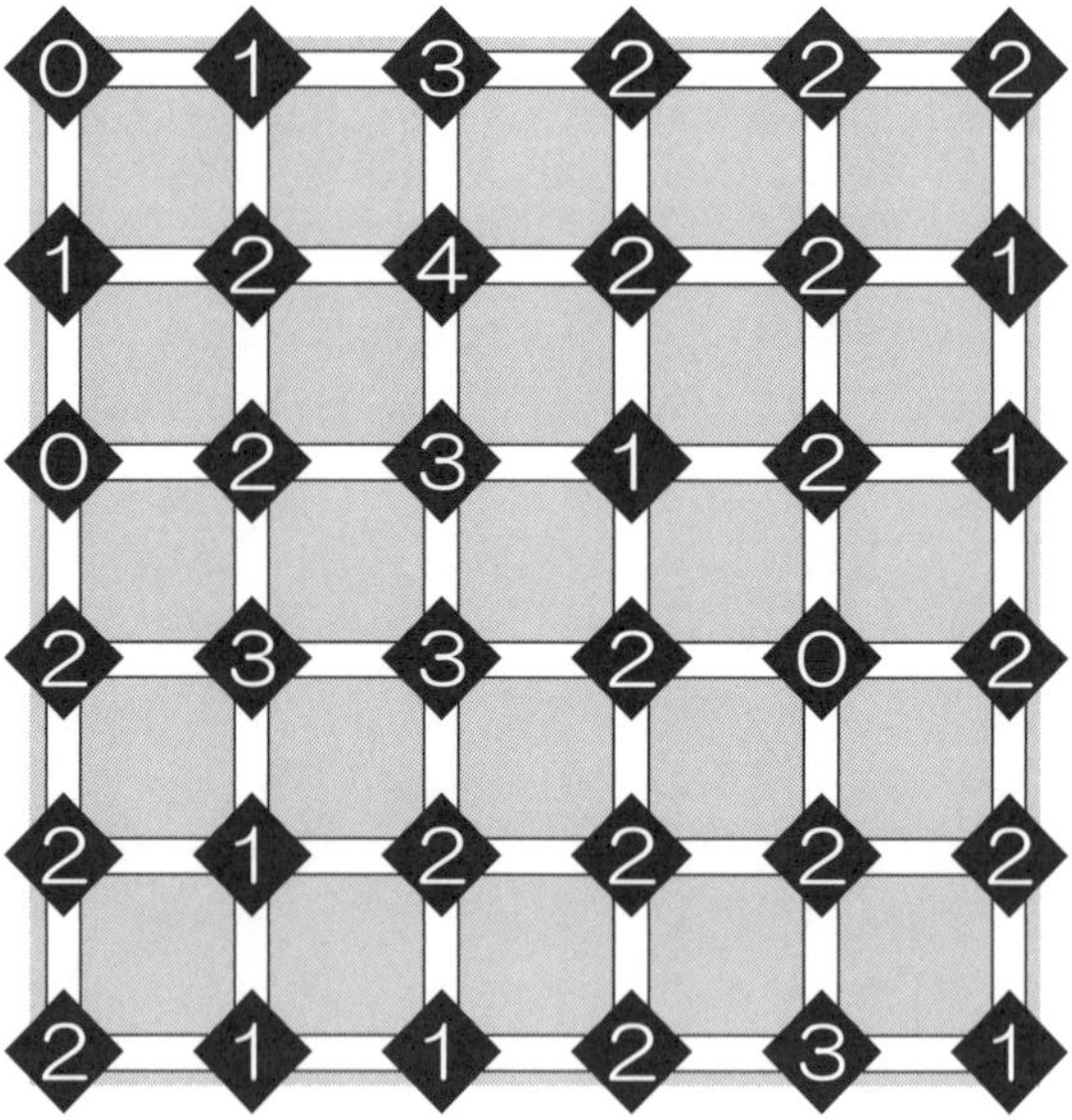

脳トレポイントとヒント

0や4、右上の2や最上段の3など、わかりやすいところから確実に進め、全体がつながるというヒントを頭の片隅に置きながら試行錯誤していくパズルです。

◀ 答えはP.168へ

B タイプ 2

部屋分けパズル（1）

目標時間 10分

書かれている数字は、その部屋にあるマスの数を表します。すべての部屋が四角形になるように、すべてのマスを区切ってください。

例題

4			
	3		
2			3

➡

解答

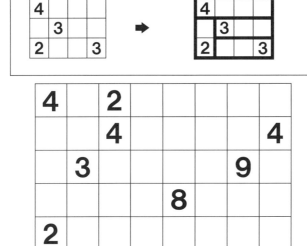

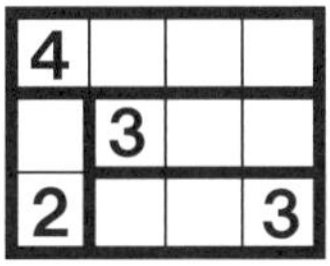

4		2					
		4					4
	3					9	
				8			
2							
		4				6	3
			7				
3				5			

脳トレポイントとヒント

もし、ここをこう区切ると、他のところはどう区切ることになるかと、試行錯誤しながら解き進めていくパズルです。

◀ 答えはP.168へ

『AI画伯』

とある国で絵画の販売会が開催されました。この販売会は、次の流れで開かれます。

1. 販売を希望する絵を応募で集める。
2. 絵画界の巨匠たちが絵に点数をつける。点数が一定水準に満たない絵は返却される。
3. 合計点数や絵の大きさ等を元に販売会側が売り値を決める。
4. 販売会開始。このとき初めて作者の情報が公開される。巨匠たちも作者の情報をここで知ることになる。

この販売会は、巨匠たちが優秀と認めた作品以外は販売されないことから、富豪たちの間で人気がありました。

富豪の新山は、この販売会を運営する責任者の男性と知り合いで、販売会開催の前日に、現地に足を運びました。その展示場で、新山はＡＩが作者である絵画が10点ほどあることに気づきます。

「確か、数年前にＡＩが有名画家のような絵を描いたといってニュースになったなあ。ＡＩも美術品をつくり出す時代になったか……」

すると、販売会の責任者の男性がこんな説明をしました。

「ここ数年、ＡＩが描いた絵が売られることも少しずつ増えてきましたが、この販売会では今回初めてなんですよ。……そこで、ちょっと相談なのですが……。実はですね、値付けに関して意見が割れていまして。ＡＩが描いた作品も、人が描いた作品と同じ値付けの方法でいいのか？という話なんですよ。巨匠たちは

ＡＩとは知らずに、出来栄えのみで点をつけています。その点数と、絵の大きさなど、総合的な価値を考えて値付けをするのですが……。ＡＩが世界で初めて絵を描いたのなら違う価値があるでしょうけれど、ここ数年、取引数は少しずつですが増えてきています。私には、ＡＩの絵の価値がまだつかみ切れていないんですよ。新山さんなら、点数が共に同じ絵画だったら、ＡＩでも人の絵でも同じ価格で買いますか？ 例えば、人の絵が５０００万円、ＡＩの絵が５０００万円です。どちらも新山さんの趣味には合っていて巨匠の評価も同じです。人とＡＩということ以外に差はないとしてくださいね」

あなたが新山だとしたら、どちらを選択しますか？

考えがまとまったら次のページへ◀

さて、あなたの選択は？

A

ＡＩでも人でも同じ価格で購入する。

発揮された力　合理的思考力
鍛えたい力　想像力

B

同じ価格では買わない。

発揮された力　洞察力
鍛えたい力　合理的思考力

アンケート結果と考察

ＡＩ画伯と人の画伯、価格は人の画伯を上とする人が多数派に

同じ価格で購入する人が44％、同じ価格では買わないとする人が56％でした。同じ価格では買わない人は、人が描いた絵のほうにより多くお金を払うべきとしました。

設定が、ＡＩ画伯の絵が増え始めているころなので、「ＡＩ画伯」そのものへの希少価値は薄れています。ポイントとなるのは、ＡＩが描いた絵とわかったとき、何が失われたのかという点です。

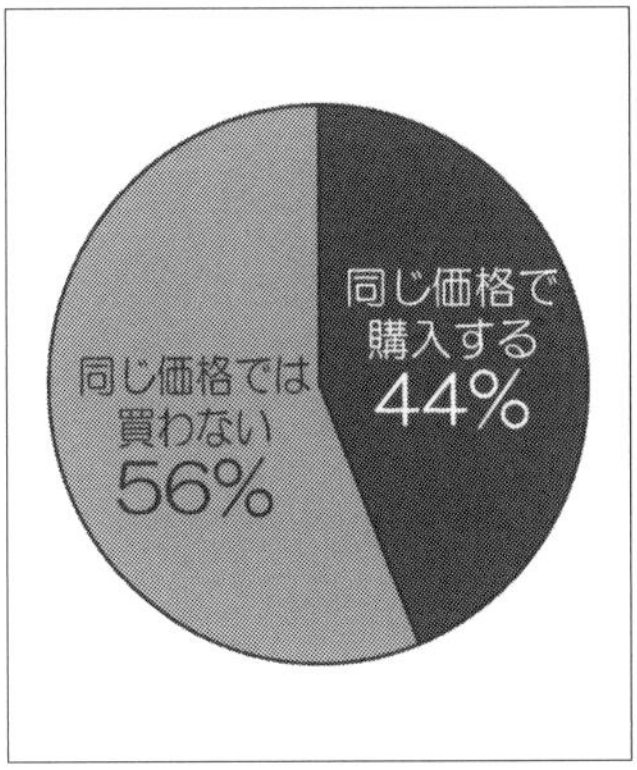

同じ価格で購入するとしたＡタイプの人は、「絵そのものに価値があるのであって、誰が描いたかではない」「その絵に魅力があれば、どちらでもかまわない」「品質が同じなら制作過程は考慮しない」「結果として同じ評価なら同じ値段で購

入する」と、過程ではなく結果のみを評価するという回答が多数を占めました。

一方で、同じ価格では買わないとしたBタイプの人は、「AIの描いた絵はオリジナルの作品といえないような気がする」「人が苦労して描き上げた絵のほうが、価値があると思う」「絵の出来栄えだけでなく、誰が描いたかも重要」「人間の手で描いた絵のほうが気持ちや魂がこもっていると思う」と、絵の出来栄えだけではなく、描き上げる過程にも注目していることが伺えます。

芸術品の価値の決まり方には「内的要因」と「外的要因」があります。

内的要因による価値とは、その芸術品そのものが持つ価値です。思考実験『AI画伯』でいうと、作者を知らずに点数をつけた巨匠たちは、この内的要因だけで点数をつけたことになります。

外的要因による価値とは、社会からもたらされる評価で、作者の名前や作者の持つストーリーがこれにあたります。

ここに、何を描いたかわからない墨で描かれた絵があり、誰も見向きもしなかったとしたら、内的要因はあまり評価されていないことになります。

しかし、この作者が例えば「福沢諭吉」で、あの『学問のすゝめ』の九編を書いているときに、気分転換に描いたものらしいという情報が加わったとしたら、この絵の持つ評価は、外的要因に歴史的な価値も加わり上昇するはずです。

芸術品の価値は、ときと場合によって変化するものです。

この思考実験『AI画伯』の場合、どの尺度で価値を測るかが意見を分ける要因になります。

A TYPE の脳力

Aタイプの人は、結果に注目し、過程は考慮しないとしました。絵そのものが自分の心に訴えかけ素晴らしいと感じたなら、それがその絵の価値という考え方です。

つまり、外的要因は排除し、内的要因だけで価格が決まってもいいという選択です。とても合理的で、わかりやすい基準で判断を下していると考えられます。

特に今回はAIと人を比べていますから、外的要因の持つ価値は評価しにくい面もあります。

一方で、メディアで絵が紹介されるときはその作者が必ずセットで紹介され、ときにはその画家の持つストーリーについても語られるように、「どんな人が描いたか」はその絵の持つ価値の大きな要素と考える人が多いのも事実です。絵の持つ価値について、もう少し広い視野で外的要因と絵の関係を想像してみる、つまり、「想像力を発揮して物事を考えてみる」のも、世の中と芸術というものへの見解を広げるうえでも、さらにはさまざまな物事を考えるときにも役立つでしょう。

本書では、想像力をより鍛えるためのパズルに挑戦してみましょう。

↓96〜97ページのパズルで、想像力を鍛えよう！

B TYPEの脳力

絵の価値は、絵そのものの出来栄えに、誰が描いたかということや、作者の感情や背景が加わって決まるとするのがBタイプの考え方です。

「ピカソの落書き」に高値がつくように、同じ風景画でも有名人が描いた絵であれば一般人と桁が違う価格で落札されるように、絵の価値は絵そのものの出来栄えだけでは決まらないことが多いものです。内的要因に加え、外的要因も重要なのです。その点に想いを馳せて評価をしたBタイプの人は、洞察力を発揮したといえるでしょう。

一方で、「世間からの評価」を重視して考えたり、「人間が描くほうがいいはずだ」と、少し感情的に考えるということは、「合理的に考えるための思考力」がやや使いにくくなっているとも考えられます。合理的思考力を鍛えれば、物事をより深く正確に考えられるようになるでしょう。

↓
98～99ページのパズルで、合理的思考力を鍛えよう!

Aタイプ 1

16ピースの法則

目標時間 5分

16個のマスには、記号の並び方にある法則があります。法則に基づき、空いているマスに入るピースを選んでください。

例題

A	B	A	B
C	D		D
A			B
C	D	C	D

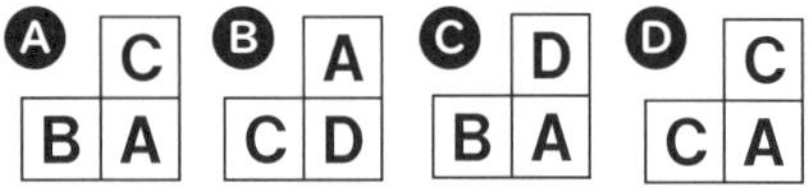

解答

A	B	A	B
C	D	C	D
A	B	A	B
C	D	C	D

Ⓐ

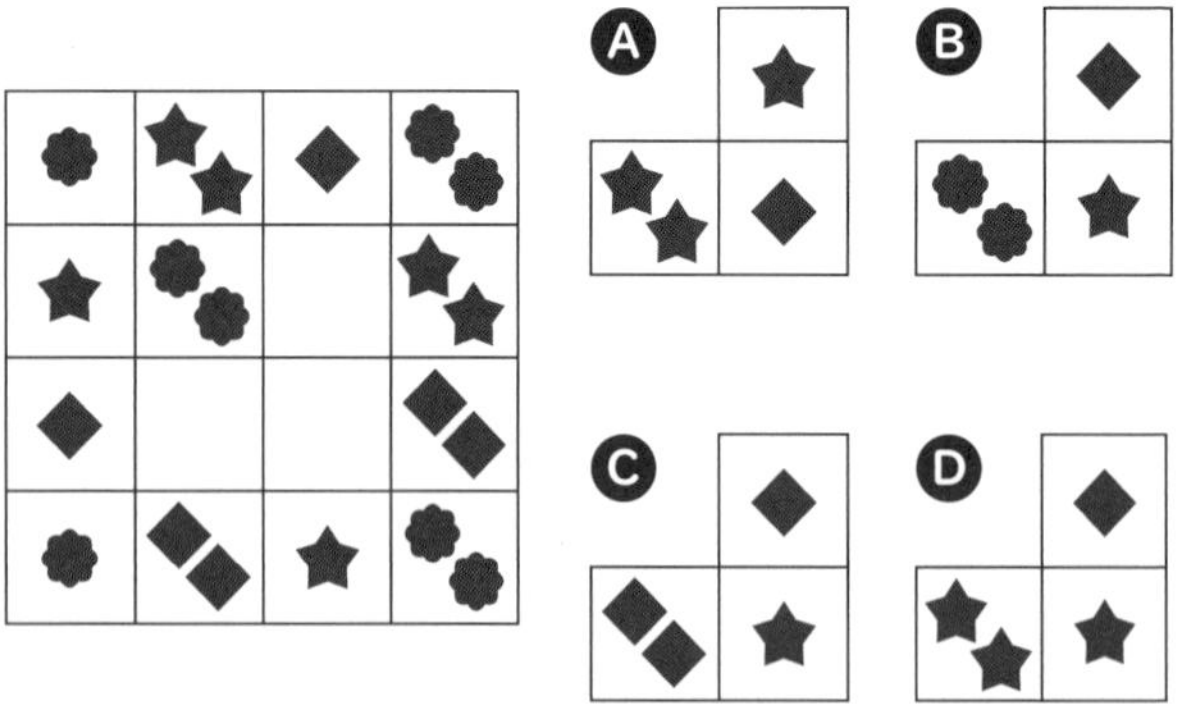

脳トレポイントとヒント

16マスという限られた情報からルールを探し出すことで、想像力を鍛えるパズルです。とにかく数多くのパターンを思い浮かべて試してみてください。

◀ 答えはP.168へ

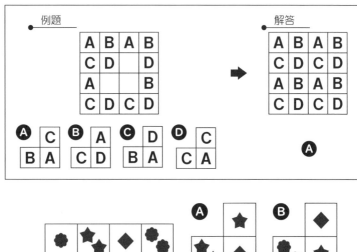

Aタイプ 2

シークワーズ

目標時間 15分

上下、左右、ナナメの8方向に読んで、マスの中から3字熟語を16個探してください。残った4つの漢字でできる四字熟語は何ですか。

公	式	戦	館	書	図
漢	程	師	道	力	気
絵	方	剤	法	響	天
葉	両	薬	減	影	剣
書	言	箱	加	裏	放
科	武	花	手	文	物
教	幼	馴	染	玉	線

脳トレポイントとヒント

それぞれの漢字から想像力を働かせて、3字熟語を見つけ出すパズルです。ナナメを忘れないように探してみてください。

◀ 答えはP.168へ

Bタイプ 1

2つのメイクテン

目標時間 3分

計算結果が10になるように、リストから選んだ演算子をマスに入れてください。演算子はすべて1回ずつ使用します。

7 ◯ 5 ◯ 6 ◯ 4 ＝10

9 ◯ 6 ◯ 4 ◯ 4 ＝10

＋　＋　＋　－　×　÷

脳トレポイントとヒント

計算を何度も繰り返して、10に近づけていきましょう。

◀ 答えはP.169へ

Bタイプ2

二択のテスト

目標時間 8分

5人が二択のテストを5問受けました。1問につき10点が与えられます。5人の選んだ答えと、点数を一覧にしたものがあります。ここから、満点(50点)になるように1問目～5問目の答えを選んでください。

	1問目	2問目	3問目	4問目	5問目	
ハルト	A	A	A	A	A	30点
カスミ	B	B	A	B	B	30点
コウキ	A	B	A	A	A	20点
サクラ	A	A	B	B	B	20点
ミサ	B	A	B	A	B	40点

脳トレポイントとヒント

5人の答案を元に比較を繰り返し、合理的に無理のない思考を進めながら点数を計算しましょう。

◀ 答えはP.169へ

『自動運転車ＪＤＵ』

ここは少し未来の世界。道には自動運転車が多数走行しています。

あなたはある大学の学生で、哲学の授業を受けています。

そこでこんなお題が出されました。


自動運転車「ＪＤＵ」が所有者１人を乗せて走っています。

他の車による、やむを得ない事故に巻き込まれ、ＪＤＵは目の前の通行人１人をはねるか、ＪＤＵ自身を崖下に転落させるしかない状況になりました。

ＪＤＵも、ＪＤＵの所有者も、通行人にも全く非はありません。


「ＪＤＵが崖下に転落し、所有者１人が死ぬ」か、「ＪＤＵが通行人１人をはねて、その通行人が死ぬ」のどちらかしかありません。

あなたは、この先の展開が、どちらのほうがより正しいと感じますか？

※JDUはAIによる自動運転車なので、設定通りに動きます。
※あなたは、JDUの所有者とも、通行人とも無関係とします。

考えがまとまったら次のページへ◀

さて、あなたの選択は？

A

「JDUが崖下に転落し、所有者1人が死ぬ」ほうがいい。

発揮された力 論理力
鍛えたい力 発想力

B

「通行人1人がはねられて死ぬ」ほうがいい。

発揮された力 情報整理力
鍛えたい力 推察力

アンケート結果と考察

所有者が犠牲になるほうが圧倒的に多数派

「JDUが崖下に転落し、所有者1人が死ぬ」ほうがよいと感じる人が72%と多数派となりました。「通行人1人がはねられて死ぬ」を選択した人は28%と3人に1人より少ない数にとどまりました。

「JDUが崖下に転落し、所有者1人が死ぬ」を選択した人は、「自動運転車に乗っている時点でその責任が伴うから」「自動運転車を所有していなければ発生しなかった事故だから」「他人を巻き込むのは避けるべきだから」「もし、自分が乗っていたらと仮定して考えると、自分が死ぬほうがまだいいと感じるから」と、多くが「自動運転車の所有者のほうが、通行人よりも事故への関係性が高い」という視点か

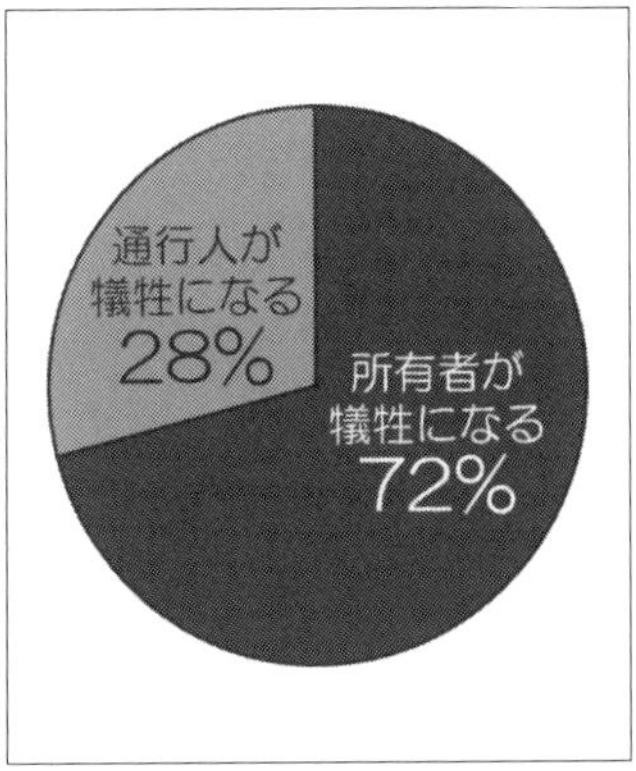

ら、所有者の犠牲を選びました。

「通行人1人がはねられて死ぬ」を選択した人は「自動運転車は所有者を守る設計にするべきだから」「所有者が犠牲になるような車は走らせるべきではない」「自分が自動車に乗っていたらと仮定すると、自分が犠牲になりたくないから」「もし、自分が運転していたらと考えると、殺人罪などの重い罪にはならないと思うから」と、所有者が守られるべきとする意見が多く、開発側の視点に立った意見も見られました。

A TYPEの脳力

この選択をした多くの人は、「通行人より所有者により責任があると考えられるので『JDUが崖下に転落し、所有者1人が死ぬ』ほうがいい」と考えました。

事故への関係性を外から眺め関係性がより高い者、事故が起きた原因を考えるうえでより当事者が犠牲になるほうが、筋が通っていると論理的に考えています。

視点を変えてさらに考える力「発想力」を鍛えると、論理力にも磨きがかかり、より思考が深まるでしょう。

→106〜107ページのパズルで、発想力を鍛えよう！

B TYPEの脳力

「所有者が守られるべきだから『通行人1人がはねられて死ぬ』ほうがいい」を選択した人は、自動運転車JDUと所有者の関係性を軸に、高い情報整理力を持って考えたといえます。もし、これが開発をする会社で議論されたとしたら、その会議では、「どちらの場合も訴えられる」ことを考え、その場合の支払う金額を計算することになるでしょう。また、車を販売する会社の視点で見ると、「所有者が死ぬ可能性」を減らすほうが安全性をアピールできると考えられます。このように開発者の視点が多かったのもBタイプの特徴でした。

鍛えたい力をあげるなら、通行人や事故に他人を巻き込んでしまった所有者の心境を慮《おもんぱか》り、思考するための推察力となるでしょう。

→108〜109ページのパズルで、推察力を鍛えよう！

Aタイプ 1

日本語英語パズル(2)

目標時間 4分

上は日本語、下は英語で、同じ意味の言葉になります。□に入るのは何ですか。

問題1

く□□□

□レ□ー□□

問題2

□□ね□

□ン□プ□

脳トレポイントとヒント

同じ意味を持つ英語と日本語ということを意識しながら、見えているマスを頼りに発想力を働かせて解くパズルです。

◀ 答えはP.169へ

Aタイプ 2

サークルパズル

目標時間 3分

数字がある法則に従って並んでいます。「?」に入る数は何ですか。

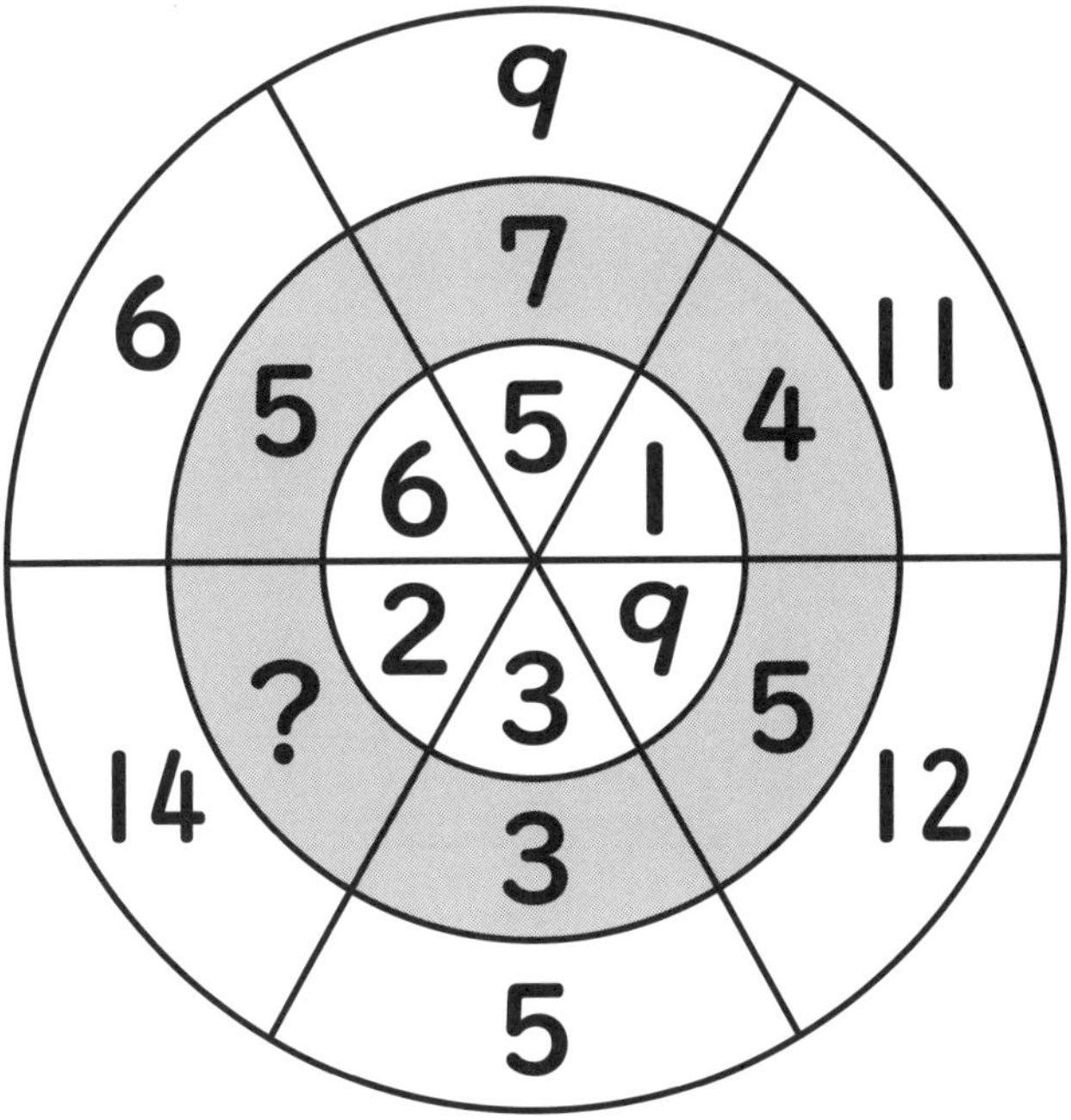

脳トレポイントとヒント

数の並びを見たり、計算をしたり、思考を巡らせながら、答えを導き出す発想力が試されるパズルです。

◀ 答えはP.169へ

Bタイプ 1

4つの言葉パズル(2)

目標時間 2分

矢印の方向に読むと、言葉になります。空いている4つのマスに1文字ずつ、ひらがなを入れてください。

	ち	ぼ	
ほ			う
ん			か
	む	い	

	ー	も	
き			ま
や			ざ
	く	あ	

脳トレポイントとヒント

わかりそうなところから言葉を想像することで、推察力が高まるでしょう。

◀ 答えはP.169へ

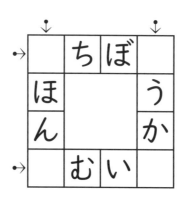

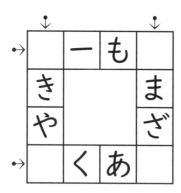

Bタイプ 2

サイコロころころ

目標時間 7分

サイコロが矢印の方向にぴったりと面をつけながら転がります。最後に上を向いている目はいくつでしょうか。

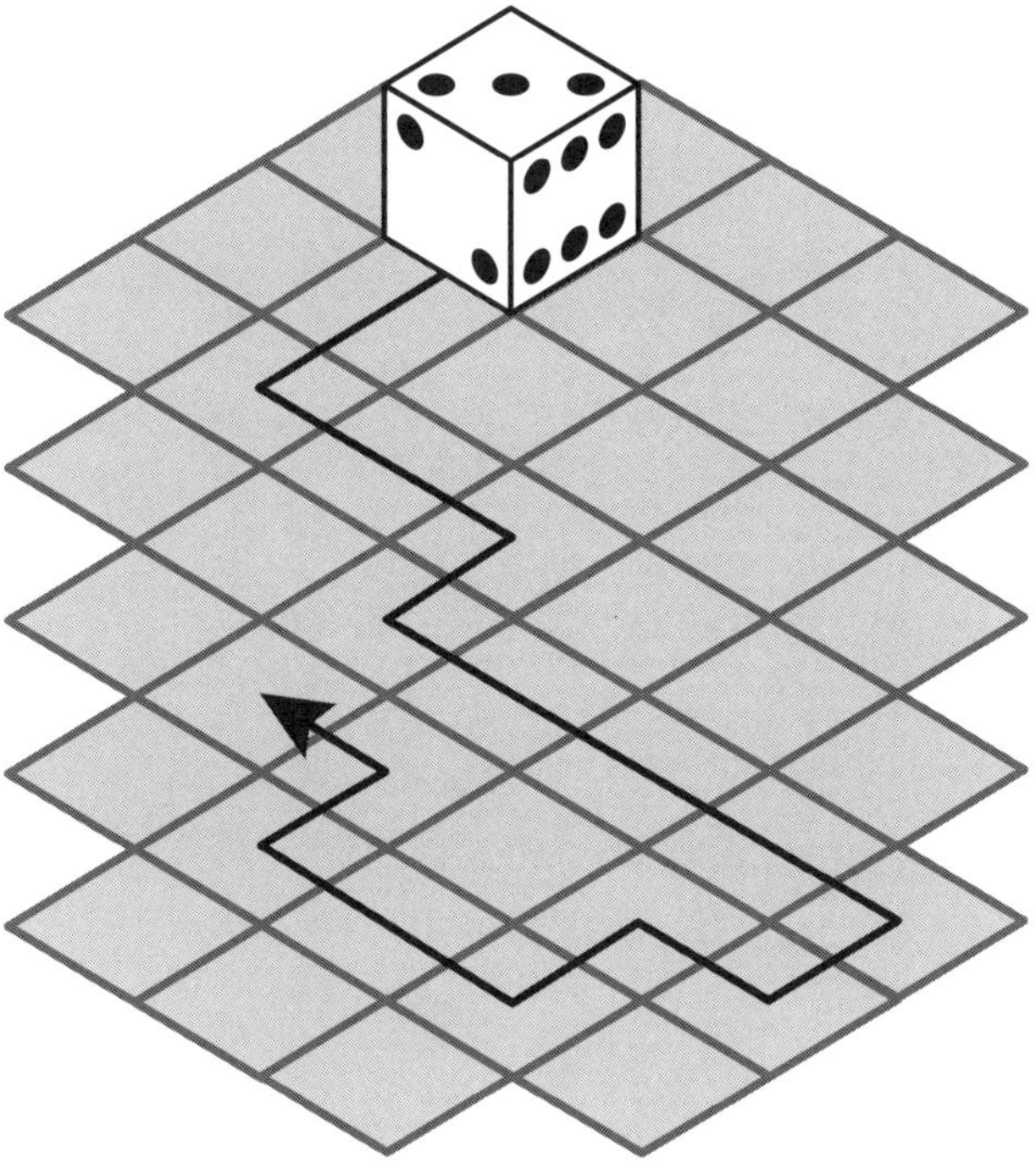

脳トレポイントとヒント

サイコロは向かい合う2面の合計が7になります。見えていない面も想像しながら、転がしていくことで、推察に必要な力を鍛えます。

◀ 答えはP.169へ

『囚人のジレンマ』

とある国で、田部は、共犯の安本と共に警察に捕らえられました。そして、田部と安本は別々の部屋に連れていかれ、意思疎通ができなくなります。

警察は2人に同時に次のような取引を持ちかけました。

「田部さん、もし、あなたが罪について自白し、安本さんが黙秘したなら、釈放してあげますよ。そして、安本さんは懲役8年です。反対に、あなたが黙秘して、安本さんが自白したなら、あなたは懲役8年で、安本さんは釈放です。捜査に協力していただいた方を釈放します、ということですね。もし、2人とも黙秘なら2人とも懲役2年です。わからない点があるので、それ以上長くは拘禁できないんですよ。ああそうだ、2人とも自白なら2人とも懲役5年です。さあ、自白しますか？」

	安本：自白	安本：黙秘
田部：自白	田部：懲役５年 安本：懲役５年	田部：釈放 安本：懲役８年
田部：黙秘	田部：懲役８年 安本：釈放	田部：懲役２年 安本：懲役２年

2人はほどほどの知人関係で、さほど親しいわけでもありません。

あなたが田部なら、どうしますか？

安本にも同様の取引が持ちかけられていることは知っているとします。

また、取引通りの刑が執行されることもわかっています。

考えがまとまったら次のページへ◀

さて、あなたの選択は？

A

リスクを考えたうえで自白する。

発揮された力　計算力

鍛えたい力　洞察力

B

罪を犯したのだから隠さず自白する。

発揮された力　自己分析力

鍛えたい力　計算力

C

安本のことを考えて黙秘する。

発揮された力　想像力

鍛えたい力　判断力

D

黙秘が最も刑期が短いから黙秘する。

発揮された力 直観力
鍛えたい力 推理力

アンケート結果と考察

自白する人がほとんど。黙秘は少数という結果に

圧倒的に自白する人が多数派となりました。自白する人は全体の76%、黙秘する人は24%です。

自白する人の意見は、「安本が黙秘したなら釈放される。釈放の可能性を残したい」「安本が自白する可能性が高いため」「罪を犯したのだから、自白してしまいたい」「運がよければ釈放、悪くても懲役5年だから」「精神的に自白したほう

が楽だから」などで、懲役何年かを思考の中心に置くAタイプと、罪を犯したのだから正直にいうべきであるという犯した罪を中心に考えるBタイプに分かれました。

黙秘する人の意見として、「仲間を売ることはできない」「安本が黙秘してくれればお互い2年となる」「もし、自分が自白して安本が黙秘したとしたら、刑期を終えた安本が復讐してくるのではないか。それが怖いから黙秘する」「安本を裏切らず、2年で済むかもしれないから。8年になっても罪を犯したのだから仕方がない」「安本の黙秘を期待する」など、黙秘を選択した人は、親しくはないとはいっても安本という1人の人間に対し何らかの配慮をする考えを持つ人（Cタイプ）が多数見られました。

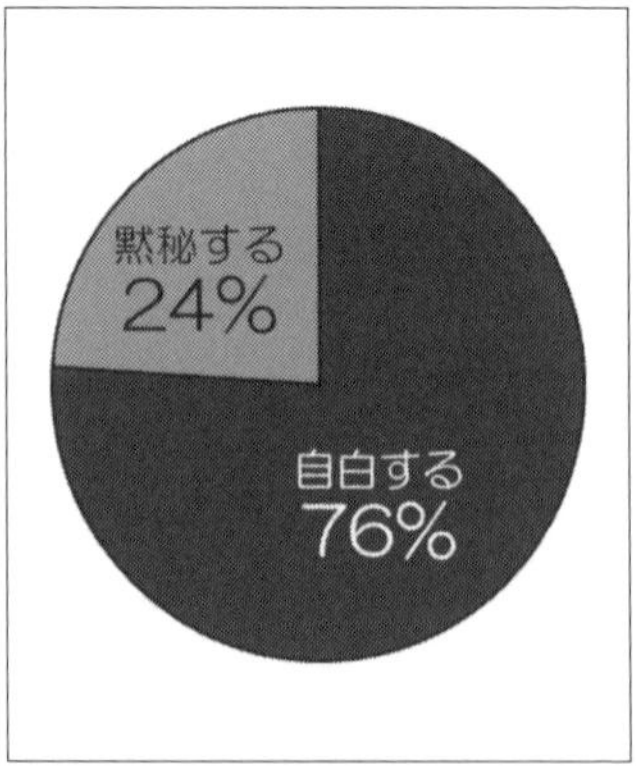

少数派ですが、双方黙秘すれば懲役2年で済むのだから、安本もそれを選択す

るはずだと考える意見（Dタイプ）もありました。

A TYPEの脳力

Aタイプの人は高い計算力で何が得かを冷静に考え、安本もきっと同じように何が得かを考えているはずと思考しました。その結果、自分も安本も、「相手が自白して自分だけ黙秘する」という最悪のパターンを排除するだろうと考えます。

さらに、考えを進めると、田部は「安本が自白した場合」は黙秘すれば懲役8年、自白すれば懲役5年となり、自白したほうが刑期は短くなります。

また、「安本が黙秘した場合」は、黙秘すれば懲役2年、自白すれば釈放と、こちらも自白したほうが刑期は短くなります。つまり、「自分の刑期」に注目すると、安本がどちらを選択しようが自白したほうがいいという答えが見えてきます。ここから、「安本もきっと同じように考えているだろう」と想像すると、黙秘はかなりのリスクであると考えられます。

Aタイプの人はこのように、高い計算力で黙秘はリスクが高すぎると、自白という答えを導き出すことができました。一方で、自分の頭の中の計算だけでは判断できない部分もあるという点に着目すると、物事の背景を推測する力、洞察力は鍛えておいて損はなさそうです。

→120〜121ページのパズルで、洞察力を鍛えよう！

B TYPE の脳力

Bタイプの人は、刑期うんぬんではなく、「罪を犯したのであれば自白すべき」と、正直に取り調べに応じようとしました。

損得を中心に考えたAタイプやDタイプに対し、罪と向き合ったのがBタイプです。そこに安本の存在は関係ありません。共犯であっても、単独犯であっても、変わらず自白すべきと考えた人が多くいました。

もし、安本が黙秘をして、自分が釈放されたとしたら、「安本は罪に向き合わなかったから刑期が長くなっただけ」と、その結果を受け止めるのかもしれません。安本に裏切られるかもしれないなど、見えない相手を考えて余計な推察をせずに自白して刑期を全うすることが、最も自分自身を納得させやすい選択肢と考えた可能性があります。「自分にとって何が大事かを慎重に考え、それをしっかりと自分の中で理解できる」という意味での自己分析力が、他の選択肢を選んだ人よりも優れていたといえるでしょう。

一方で、警察側の取引は全く意味を成しませんでした。もしかすると、最初から自白をすることで、警察は取引すらしなかった可能性があります。自分に有利な選択を引き出す計算力は鍛えたい力の一つでしょう。

↓122〜123ページのパズルで、計算力を鍛えよう！

C TYPE の脳力

Cタイプの人が黙秘をする理由は、「共犯者に申し訳ないから」や、「安本の報復が怖いから」といった、相手主体の考え方です。もし、安本が自白をして釈放され、自分が懲役8年の刑をいい渡されたとしても、罪を犯したのだから仕方ないと考えるでしょう。

ここで注目したいのは、「相手に悪い」も、「相手が怖い」も、安本が黙秘した場合を考えた思考である点です。

もし、安本が黙秘をしたとしたら、自分が自白をするのは申し訳ないとか、黙秘してくれているかもしれない相手は売れないとか、自分ばかり自白したら相手の報復が怖いなど、どれも安本が黙秘した場合を念頭に置いています。

もし、安本が自白をしたとわかったら自白に転じるであろう心境が、隠れています。

Cタイプの人は、想像力が高い一方で、全く見えない相手の気持ちを重んじて、自分を後回しにしてしまい、自分で判断する力が発揮されなかったとも考えられます。

↓124〜125ページのパズルで、判断力を鍛えよう!

D TYPE の脳力

Dタイプの人は、2人が黙秘をすれば最もいい結果が出るのだから、安本は黙秘するだろうと考えて、黙秘を選択しました。確かに、その結果になれば疑いなく最もいい結果です。もし、2人で相談して選べるのであれば、双方黙秘を選んだことは疑いようがないですし、それ以外を選択する理由など、この思考実験の情報からは見つけられません。

しかし、お互いの意思疎通ができず、さほど仲がいいわけでもないとなると、相手の動向を疑うものです。安本は、「もしかしたら田部は自白するのでは？」と考えるでしょうし、その疑問が解消することはありません。

Dタイプの人は、お互いにとって最もいい選択をお互いが取るだろうという強い直観を信じられた一方で、安本が、自白がリスクを減らす最大の手であると気づいている可能性を考える推理力が足りなかったとも考えられます。

↓126〜127ページのパズルで、推理力を鍛えよう！

Aタイプ 1

異なる絵探し

目標時間 5分

1つだけある他と何かが異なる絵はどれですか。

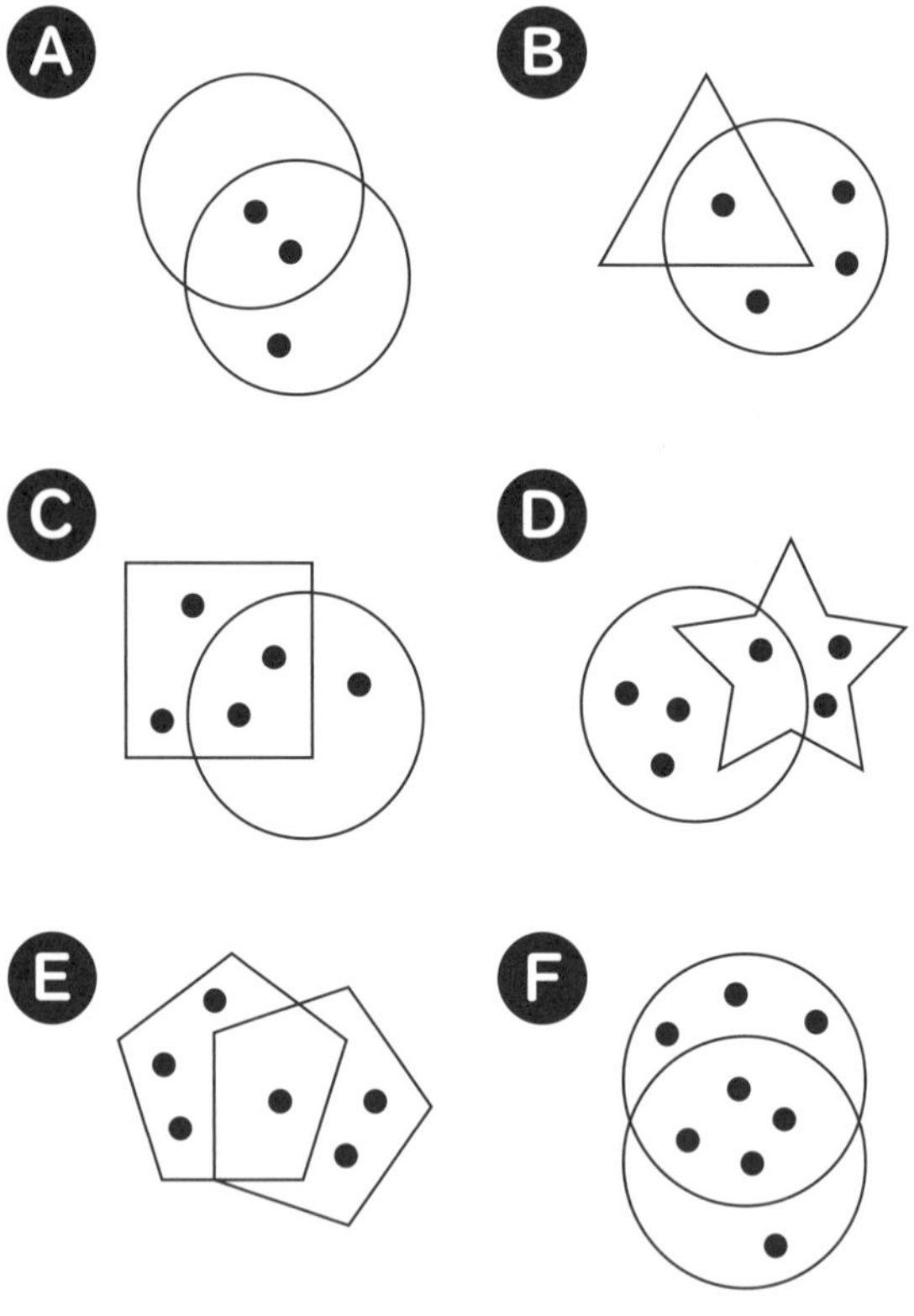

脳トレポイントとヒント

6個とも異なる絵ですから、観察するだけでは答えは得られません。目で見た状態から共通点を探す洞察力が求められます。

◀ 答えはP.170へ

Aタイプ 2

隠されたピース

目標時間 15分

25マスの中に、10のピースが隠れています。探査機で調べたところ、下記のような結果が出ました。ピースはどこにありますか。

例題

隠れているピース

探査機で調べた結果

解答

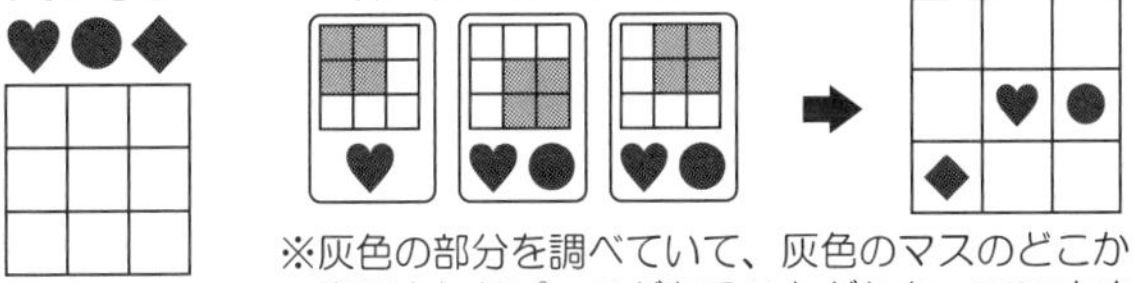

※灰色の部分を調べていて、灰色のマスのどこかに表示されたピースがあることがわかっています。

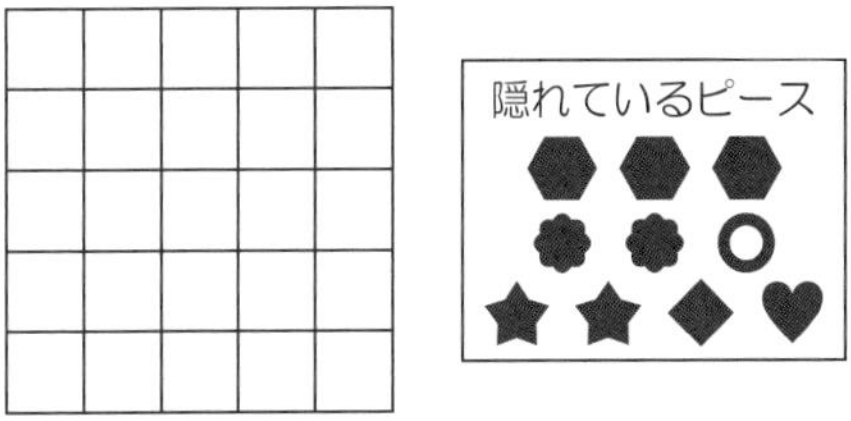

探査機で調べた結果

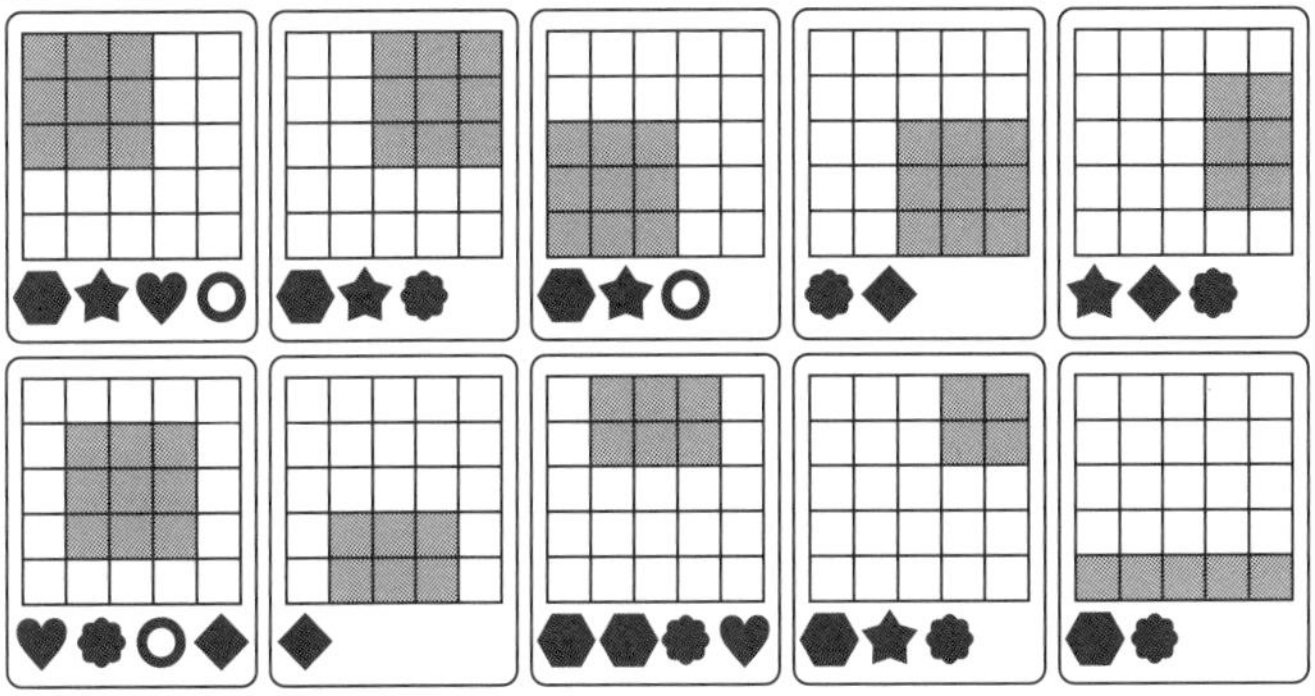

脳トレポイントとヒント

多くの目に見える情報から、正確な答えを見抜くパズルです。1つしかないマークは見つけやすいので、そこから考えてみましょう。

◀ 答えはP.170へ

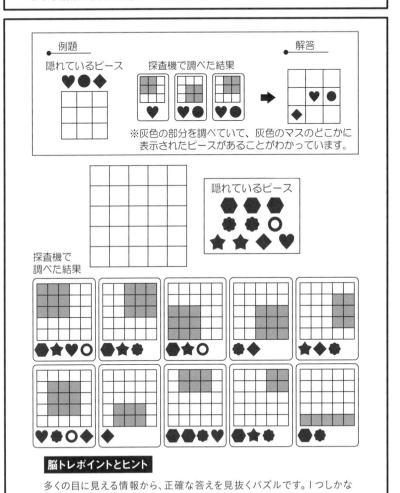

Bタイプ 1

重なった箱

目標時間 3分

A～Eの5つの箱を重ね、高さを3カ所測定し、重ね方を変えてもう1度3カ所の長さを測りました。それぞれの長さは下記のようになっています。すべての箱の高さを求めてください。

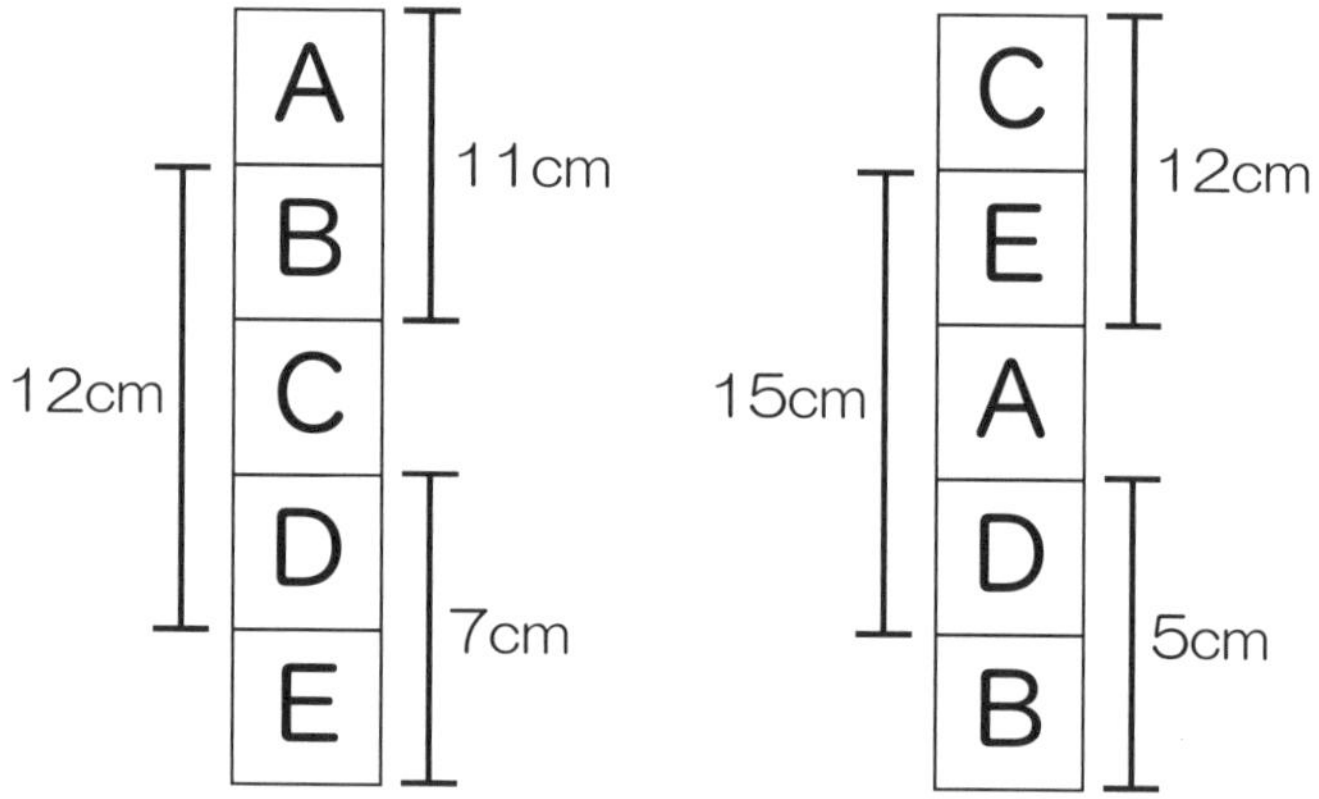

脳トレポイントとヒント

3つ重なった箱の長さがキーポイントとなります。どう計算するとどの箱の長さが求められるのかと考えながら解くパズルです。

◀ 答えはP.170へ

Bタイプ 2

サムクロス(2)

目標時間 20分

マスの上側に数字がある場合、その数字は右方向に連続するマスの合計値、マスの下側に数字がある場合、その数字は下方向に連続するマスの合計値です。白いマスには、異なる1から9までの整数が入ります。すべての白いマスを埋めましょう。元々入っている数字は足すことができません。

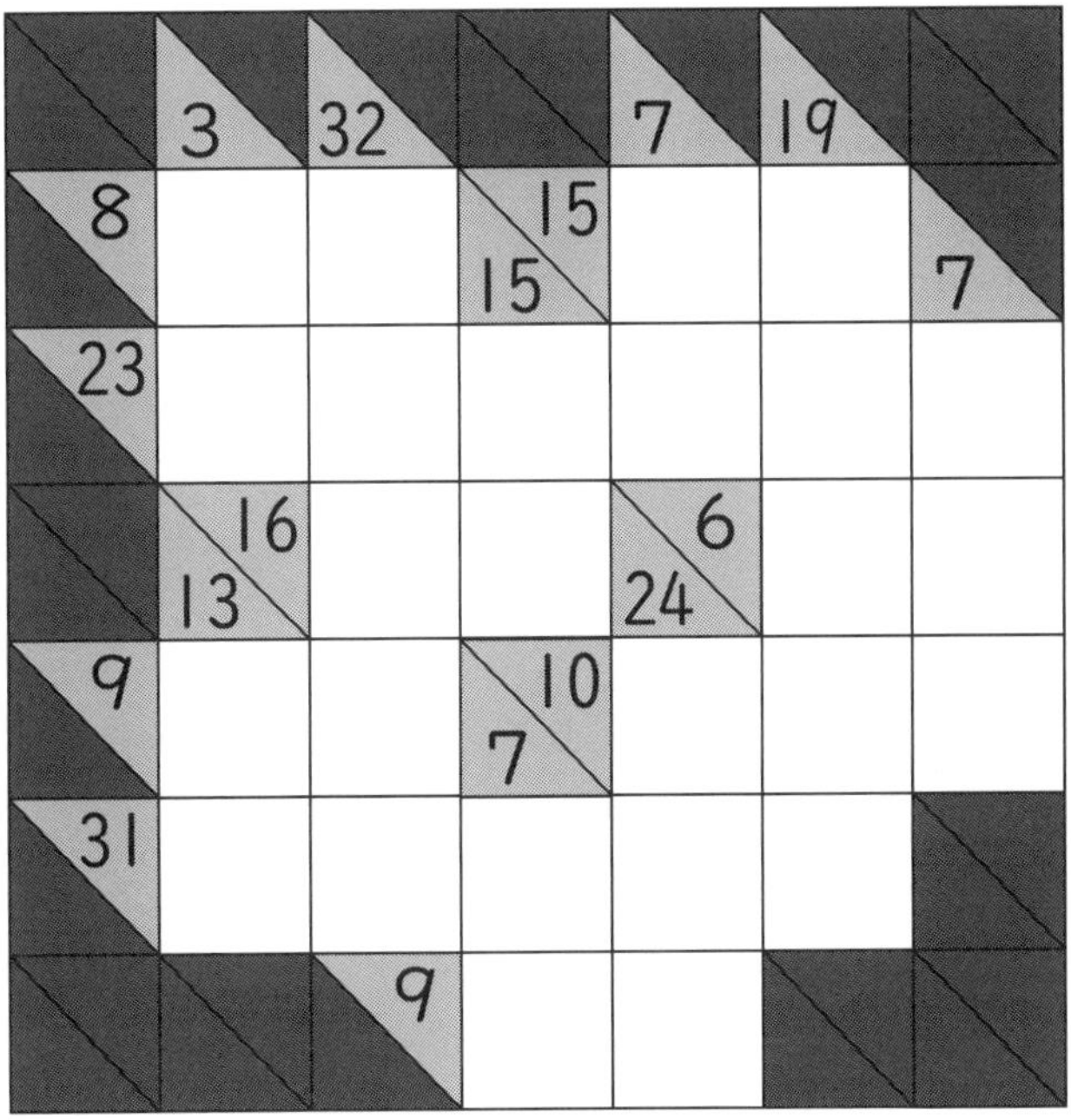

脳トレポイントとヒント

例えば、2マスで3をつくるなら、1と2しかありません。3マスで6なら、1と2と3です。このように、あり得るパターンを常に計算しながら解いていく、計算力を多用するパズルです。

◀ 答えはP.170へ

Cタイプ 1

漢字組み立てパズル

目標時間 10分

パーツを組み立てて2字の熟語をつくってください。

問題1

言 東
頁 イ

問題2

木 夫
見 斤 立

問題3

小 幺 且
米 田 ノ

問題4

ノ ゛ 二
口 金 メ
皿 臣

脳トレポイントとヒント

判断力を鍛えるには、比較する力、情報を的確に分析する力が欠かせません。スピードを意識して、知っている漢字や熟語との比較を繰り返しながら解きましょう。

◀ 答えはP.170へ

Cタイプ 2

てんびんパズル(1)

目標時間 6分

イラストを見て判断し、重い順におもりを並べてください。

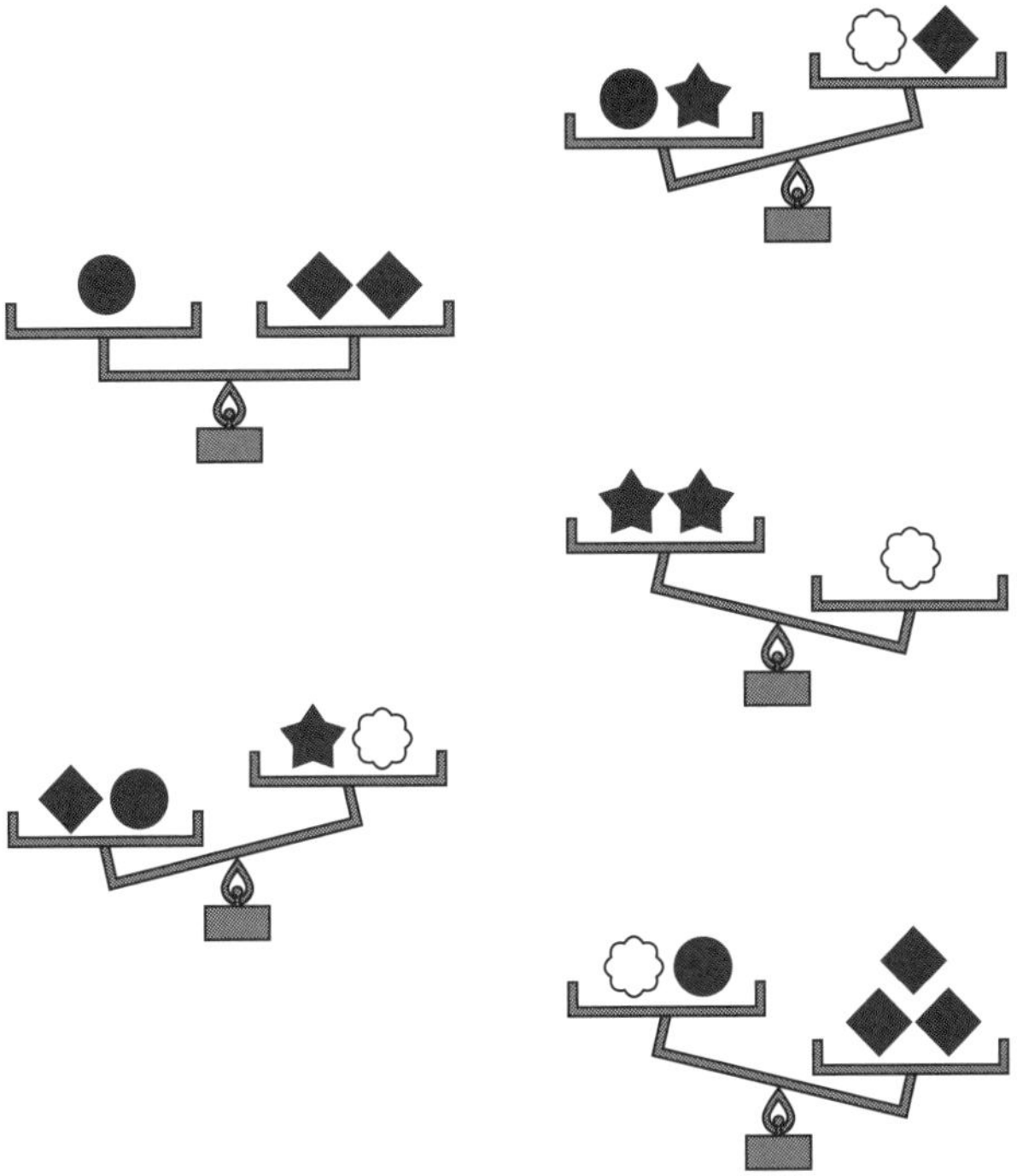

重 □ ➡ □ ➡ □ ➡ □ 軽

脳トレポイントとヒント

そのとき必要な情報を判断して見極め、探っていくパズルです。左上の釣り合っているてんびんから考え始めると、やりやすいでしょう。

◀ 答えはP.170へ

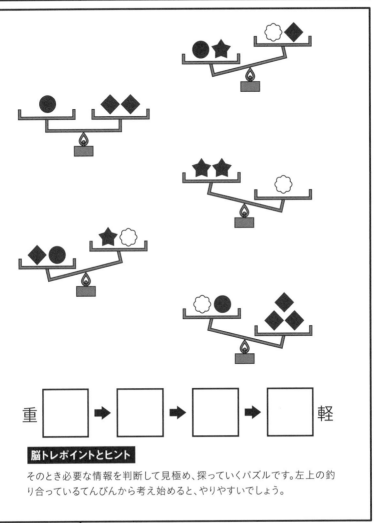

Dタイプ 1

4つの店

目標時間 10分

以下の質問に答えましょう。

情報を元に、左から、A店、B店、C店、D店と並んでいるお店の名前、主な商品、看板の色を当ててください。店の名前はやすらぎ、森の家、ふらわー、ヤマデラのいずれか、主な商品はケーキ、パン、和菓子、紅茶のいずれか、看板の色は、紫色、茶色、桃色、緑色のいずれかです。紫色の看板の店は何という名前ですか。

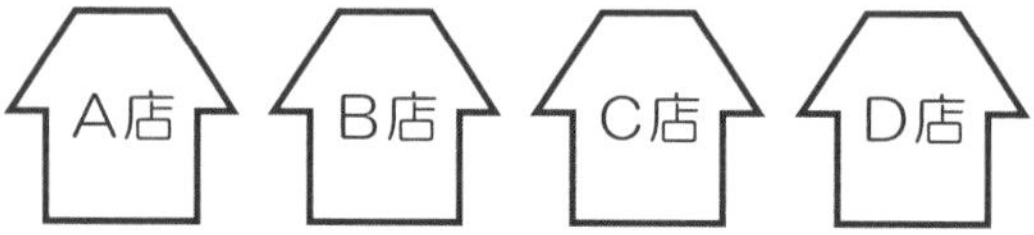

・紅茶を売っている店の右隣りの店名は、『ふらわー』。
・桃色の看板の店は和菓子を売っている。
・『ふらわー』と『ヤマデラ』の間に1つ店がある。
・『森の家』の左隣の店は、看板の色が緑。
・『ヤマデラ』の右隣りの店は、茶色の看板。
・桃色と緑色の看板は隣り合っている。
・ケーキを売る店の右隣りは桃色の看板。
・一番左の店はパンを売っている。

	A店	B店	C店	D店
店の名前				
商品				
看板の色				

脳トレポイントとヒント

8つの情報から何を読み取り、どう組み合わせればいいのかを理詰めで考えていく推理力を使うパズルです。

◀ 答えはP.171へ

Dタイプ 2

トレジャーマップ(2)

目標時間 12分

数字はそのマスの周囲のマス(ナナメを含む最大8マス)にある宝の数を示しています。数字のあるマスに宝はなく、宝は1つのマスに1つのみです。

例題

		1	0
	3		
1		2	

➡

解答

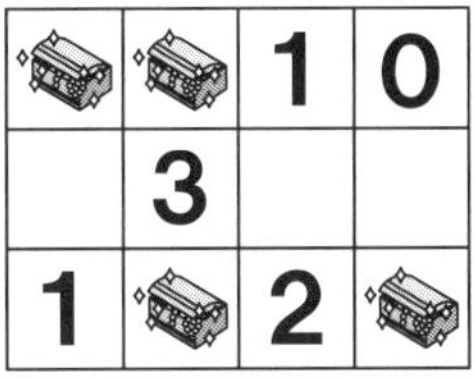

			2			3		
		4		4				2
				3		5		
		3			1			
1				1			3	
		3			1			

脳トレポイントとヒント

わかる情報を逃さず、推理力を働かせて解き進めるパズルです。端にある数字から考えていくと最初の手がかりが見つけやすいでしょう。

◀ 答えはP.171へ

『死神から届いたハガキ』

この星では、毎日世界の誰かに死神からハガキが届きます。

正確な数はわかりませんが、毎日数通～10通程度、20歳以上の人に届くといわれています。

ハガキが送られた人は、5～10年で何らかの理由で死に至ります。

死神を見た人は誰もいませんが、そのハガキのデザインは、黒い下地に濃い灰色の炎が揺らぐ不思議なもので、人がつくることができるものではありません。

はっきりしているのは、このハガキが届けば、その人は確実にその日から数えて5～10年の間に死んでしまうということです。もちろん捨てても、別の人に届けても無駄です。

過去にあらゆる手を使って死を免れようとした大富豪がいましたが、病気により8年目に亡くなりました。

ある日、あなた宛ての『死神から届いたハガキ』がポストに投函されました。

次のどちらがいいですか?

■ハガキを手に取り事実を知る。
■興味のない郵便物に紛れるなどして、ハガキを見ずに捨ててしまう(ハガキのことを知らずに過ごす)。

考えがまとまったら次のページへ◀

さて、あなたの選択は？

A

残りの人生を無駄なく過ごしたいから、ハガキを手に取り事実を知る。

発揮された力 **逆算力**
鍛えたい力 **推理力**

B

やりたいことをどんどんやりたいから、ハガキを手に取り事実を知る。

発揮された力 **計画力**
鍛えたい力 **逆算力**

C

死に囚われてしまうので、ハガキのことを知らずに過ごす。

発揮された力 **推察力**
鍛えたい力 **試行錯誤力**

D

知っても仕方がないので、ハガキのことを知らずに過ごす。

発揮された力 判断力
鍛えたい力 発想力

アンケート結果と考察

知っておきたい人が多数派に

事実を知って過ごすほうがいいと答えた人が全体の68％となり、ほぼ3人に2人に上りました。知らずに過ごすほうがいいと考える人は32％でした。

事実を知って過ごすと答えた人の意見には、「余命を知ったうえで、ライフプランや考え方を切り替えて納得のいく終わり方をしたい」「できる限り自分のやりたいことだけをして過ごしたい」「事実を知っていろいろと準備をしたい」「限られた時間を大切に過ごす」と残りの時間を意識しながら大切に時間を使っていくために知っておきたいと考える人が多くいました。

知らずに過ごすほうを選んだ人は「残りの時間が暗く憂鬱なものになるから」「納得できない情報は不要だから」「人の死はいずれ訪れることだから」など、恐怖を感じながら過ごしたくないという人と、必要のない情報であるという意見に分かれました。

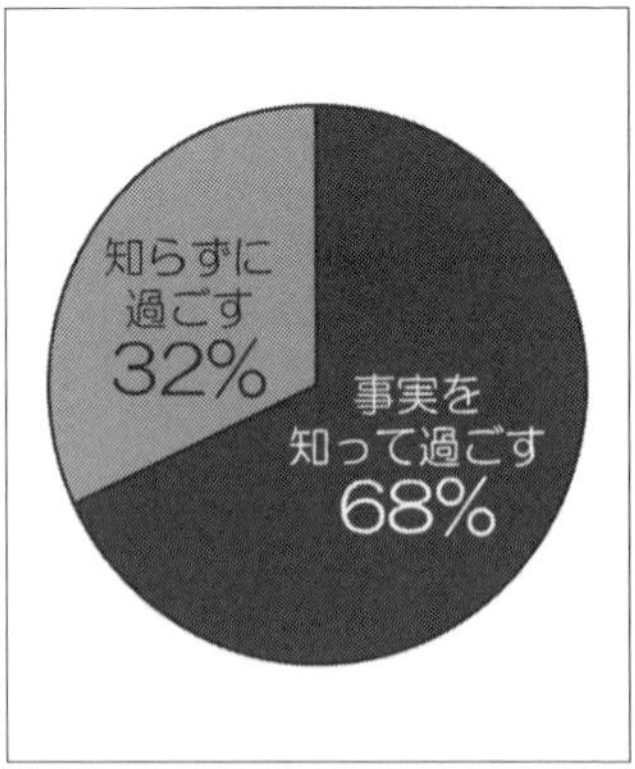

A TYPE の脳力

「残りの人生を無駄なく過ごしたいから、ハガキを手に取り事実を知る」を選んだ人は、残りの時間に注目し、逆算して何ができるか、何をしたら無駄になるかを割り出し、より有意義な人生にしたいと考えました。終活をしたり、長期の計画を止めたり、残りの時間を貯金のように考え、これで何ができるかを把握し、無駄を極力押さえることが「ハガキを手に取る」を選んだ大きな理由でしょう。

もし、「やるべきこと」に含まれていない事柄についてもう少し考えてみると、実は「無駄に見えたことが無駄でなかった」ということに気づけるかもしれません。鍛えたい力は、いろいろなところに思考を向け、さまざまに考えを巡らせたうえで、1つの考えや結論を導き出す力「推理力」と考えられます。


↓136〜137ページのパズルで、推理力を鍛えよう！

B TYPEの脳力

「やりたいことをどんどんやりたいから、ハガキを手に取り事実を知る」を選んだ人は、今に注目し、この瞬間をもっと充実させたいと考えました。

何も知らなければ、ぼーっと過ごしてしまったかもしれない今という時間をもっと実りある濃い時間にするために、高い計画力を生かしてやっておきたいことを次々と行っていくことを選んだのでしょう。ここに、さらに逆算的な思考が加わると、「今の充実」に全体を見通す力が加わって、よりやりたいことが見えてくる可能性があります。

↓138～139ページのパズルで、逆算力を鍛えよう！

C TYPE の脳力

「死に囚われてしまうので、ハガキのことを知らずに過ごす」を選んだ人は、知った後の自分の感情に注目しました。ハガキを手に取ったとしたら、自分が負の感情に支配されてしまうだろうと未来の自分を推察し、知らないで過ごすほうを選択したといえます。ハガキを見てしまうと、そればかりに思考が傾き、他のことに目が向けられなくなることは想像できます。ただ、そこから試行錯誤して何ができるか考えると、新たに得られるものもあるかもしれません。そのとき、一歩その先の、知ったとしたらどんなふうに生活しただろうと考え、さまざまな可能性を熟慮する「試行錯誤力」を磨くと、新たな自分を発見できるでしょう。

↓140～141ページのパズルで、試行錯誤力を鍛えよう！

D TYPE の脳力

「知っても仕方がないので、ハガキのことを知らずに過ごす」を選んだ人は、知らなかった場合と知った場合を比較し、どちらも残り5～10年なのであれば、知らないほうが、いい生活になると判断しました。

「死神のハガキ」は現実にはない設定なので、知らないほうが現実に沿った生活になります。人は皆、いつ死ぬかはわかりませんし、ハガキを見なければ、そのときが寿命と感じることができますから、自然な人生と考えられるでしょう。

このフィクションの設定から、現実に極力近づけて考え、ハガキから距離を置いたりするのも1つの方法ではありますが、これでは思考はすぐに終わってしまいます。フィクションという思考実験の可能性を最大限に生かし、想像を広げる「発想力」が、今回は使われなかったと推測できます。「発想力」を持って処理することを意識すると、全く違う思考が生まれてくる感覚に出合えるでしょう。

↓142～143ページのパズルで、発想力を鍛えよう!

Aタイプ 1

ビルディングパズル

目標時間 5分

次の質問に答えましょう。

マスのヨコの列、タテの列には1〜4の異なる数字が1つずつ入り、数字はビルの高さを表します。マスの外にある数字は、そこから矢印の方向に見たとき、何個のビルが見えているかを表しています。前のビルより後ろのビルが低い場合、そのビルは見えません。マスをすべて埋めてください。

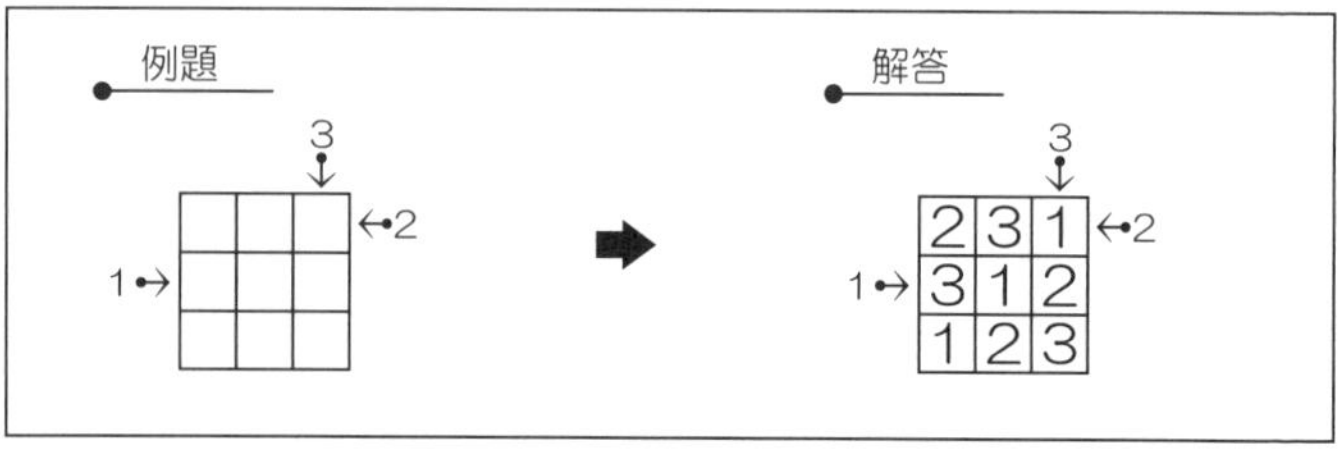

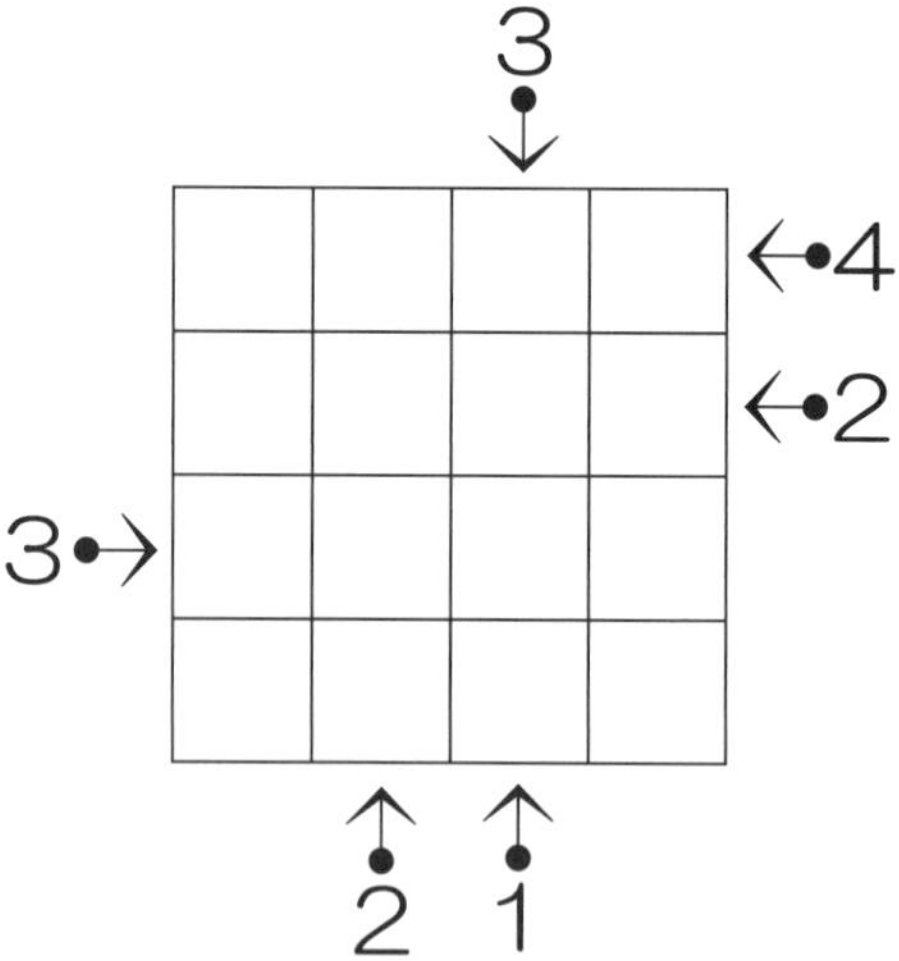

脳トレポイントとヒント

外からの見え方という情報を元に、高さを解明していくパズルです。今使えるヒントを見つけ出す推理力が問題を解くカギです。

◀ 答えはP.171へ

Aタイプ 2

部屋の住民パズル

目標時間 12分

どの部屋に誰が住んでいるでしょうか。条件を元に推理してください。※隣接とは、上下左右のいずれかに部屋が接していることを指します。

例題

201	202
101	102

住民の名前
川島
町田
下条
光井

➡

解答

201 下条	202 光井
101 川島	102 町田

川島は町田の左隣に住んでいる。
光井の真下の階に町田が住んでいる。

住民の名前

星野	藤沢	山林
坂本	北川	杉田
大池	花森	河中
岡谷	栗原	浜口

西					東
			403	404	
		302	303	304	
		202	203	204	
西	101	102	103	104	東

A. 花森は、坂本、山林、大池、河中と部屋が隣接している。

B. 星野は、河中と同じ階に住んでいる。

C. 浜口の真上には坂本が、真下には岡谷が住んでいる。

D. 藤沢は、北川、杉田、栗原のみと部屋が接している。

E. 山林より西側の部屋に栗原が、東側の部屋に杉田が住んでいる。

脳トレポイントとヒント

情報を元に、確実にいえる事実を拾っていく推理力を生かすパズルです。わかったことをメモしながら、解いてみてください。

◀ 答えはP.171へ

Bタイプ 1

川渡り問題

目標時間 15分

次の質問に答えましょう。


高校生３人と、中学生３人が川を渡ります。

ボートは１つしかなく、２人までしか乗れませんが、全員が漕ぐことができます。

高校生たちは、「中学生は自分たちのことが怖いかもしれない」と配慮し、川のこちら側と、今から向かう向こう側のどちらでも、高校生のほうが多くなることを避けたいと考えました。

どのように渡ればいいでしょうか？

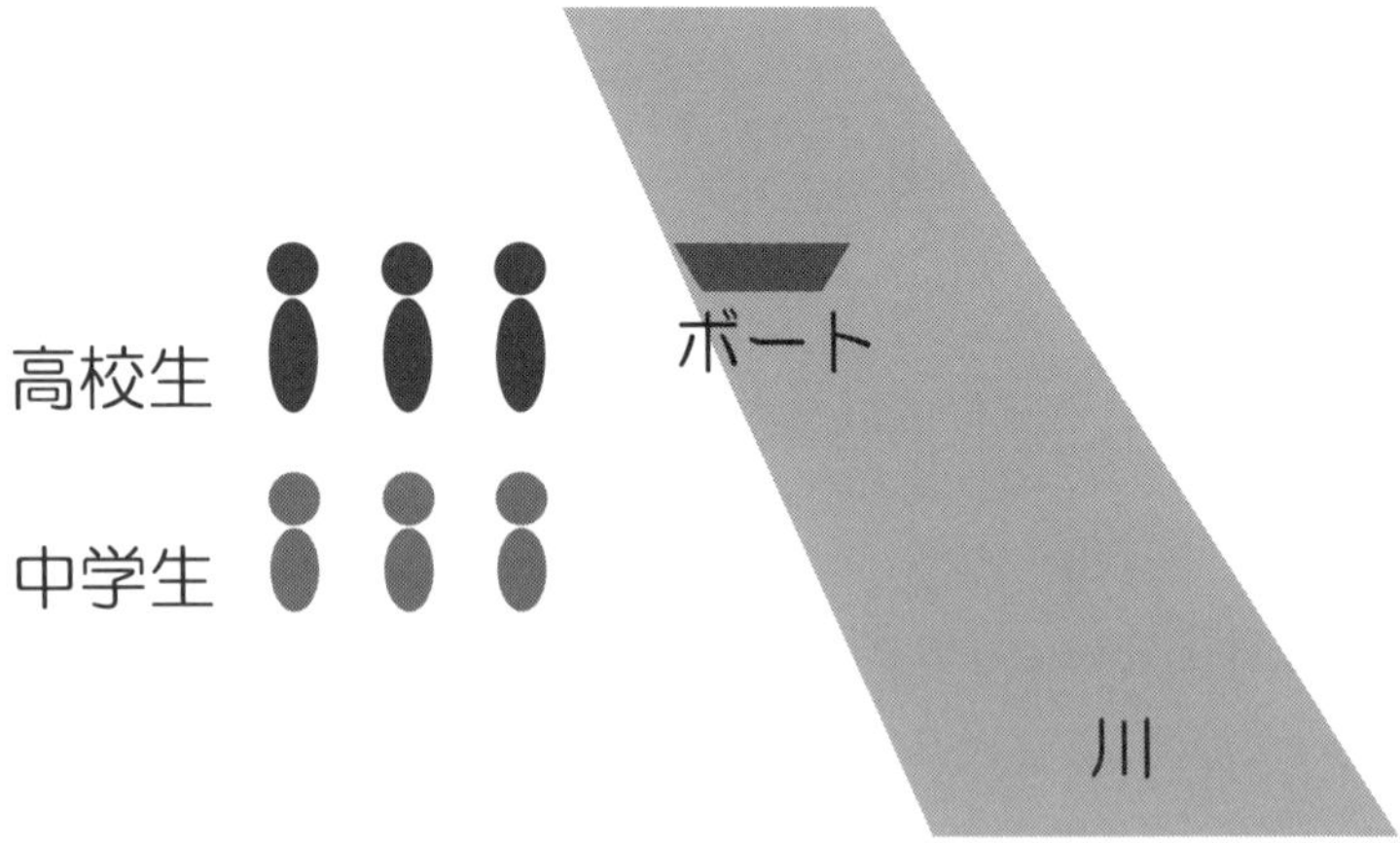

脳トレポイントとヒント

最後の一手はどんな様子かを考える逆算的な考えを含めながら思考を進めると、ぐっと答えを解きやすくなります。

◀ 答えはP.171へ

Bタイプ 2

エレベーターと百貨店

目標時間 4分

次の質問に答えましょう。

ある夫婦が、6階建ての百貨店のレストランにいます。
そのレストランから、1階から6階まで移動できるエレベーターのみを使って、いくつかの階で買い物をしてから、1階にたどり着きました。下記のリストの移動法を順番に使って1階に着いたのですが、レストランは何階にありましたか。また、Ⓐ～Ⓔをどの順で移動したでしょうか。

夫婦がエレベーターで移動した階数

Ⓐ2階分、降りた
Ⓑ3階分、降りた
Ⓒ5階分、降りた
Ⓓ4階分、上がった
Ⓔ4階分、上がった

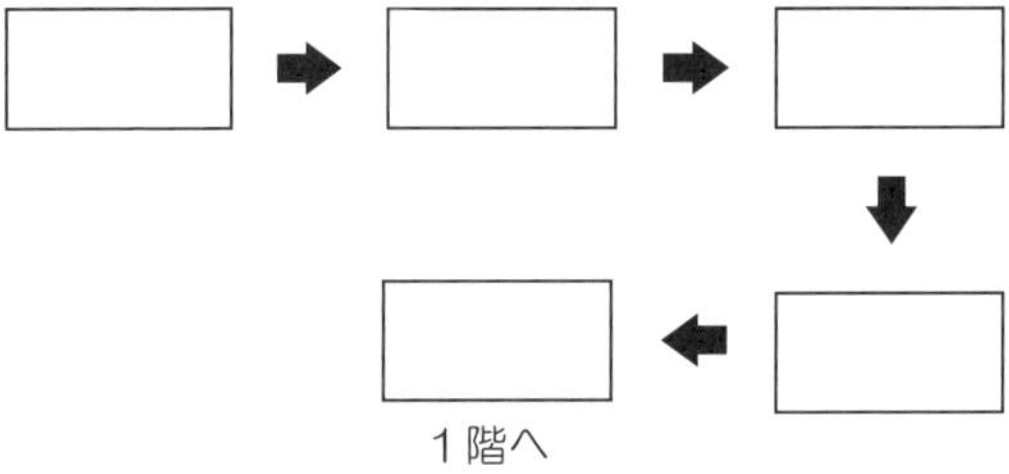

脳トレポイントとヒント

最終的に1階にたどり着いていることが思考の起点となります。そこから逆算する考え方が突破のカギです。

◀ 答えはP.171へ

Cタイプ 1

グループパズル(2)

目標時間 15分

すべての部屋にすべての種類のマークが1つずつ入るように、線で区切ってください。

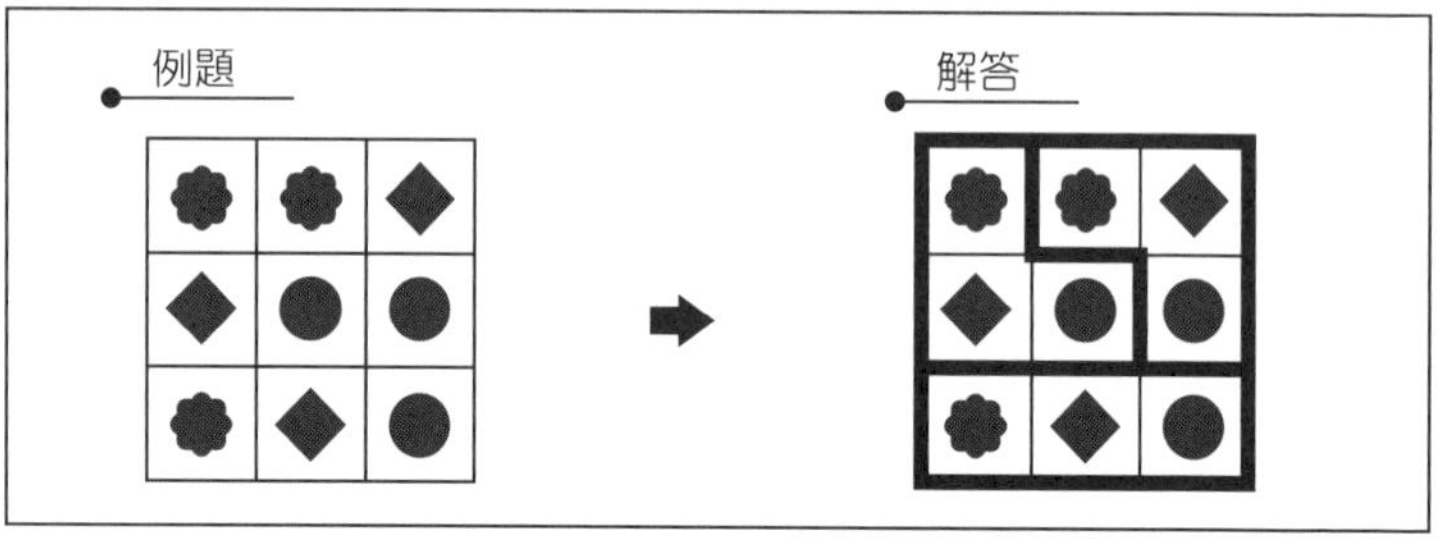

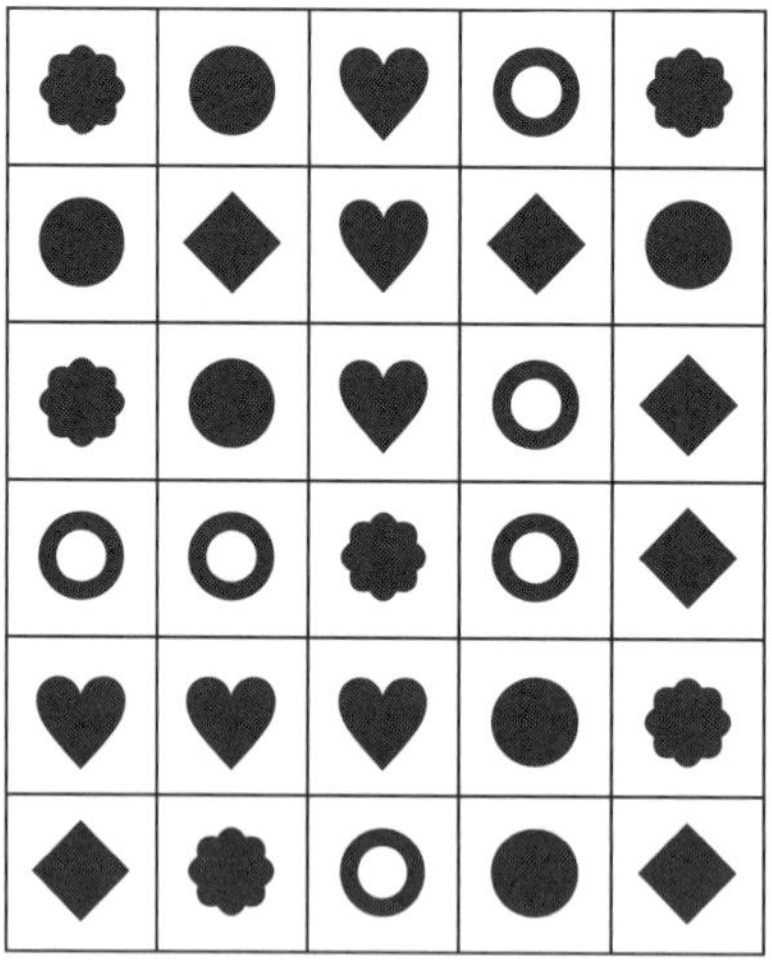

脳トレポイントとヒント

わかるところを先に区切り、そのあとは試行錯誤力がカギとなります。まずは同じマークが隣り合っているところに、区切り線を入れてから考えてみてください。

◀ 答えはP.172へ

Cタイプ 2

部屋分けパズル(2)

目標時間 15分

書かれている数字は、その部屋にあるマスの数を表します。すべての部屋が四角形になるように、すべてのマスを区切ってください。

例題

			3
3			6

➡

解答

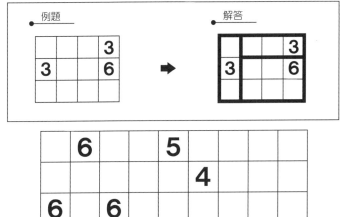

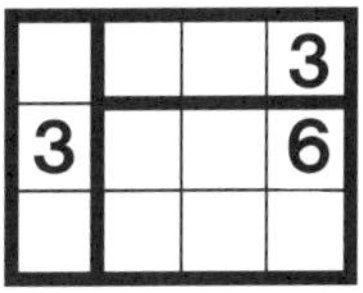

	6			5				
					4			
6		6						
				4				3
					2		8	2
	2		5		4			
9					4		3	3
				5				

脳トレポイントとヒント

もし、ここをこう区切ると、他のところはどう区切ることになるかと、試行錯誤しながら解き進めましょう。

◀ 答えはP.172へ

Dタイプ 1

中央文字探しパズル

目標時間 4分

矢印の方向に読むと、言葉になるように、中央の□にいくつかの文字を入れてください。

例題

サク　ボウ　チヘイ

↘　↓　↙

□

↙　↓　↘

トウ　プウキ　トラル

➡

解答

サク　ボウ　チヘイ

↘　↓　↙

セン

↙　↓　↘

トウ　プウキ　トラル

問題1

カイ　ボク　タイ

↘　↓　↙

□

↙　↓　↘

ニシ　ジカ　ドウ

問題2

セキ　キリ　アヤ

↘　↓　↙

□

↙　↓　↘

クミ　ドリ　プル

脳トレポイントとヒント

言葉の一部から共通する別の一部を想起する、脳内にある情報同士をつなぐ発想力を生かすパズルです。

◀ 答えはP.172へ

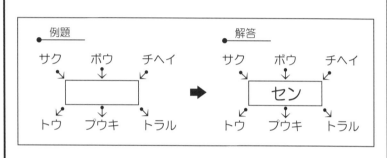

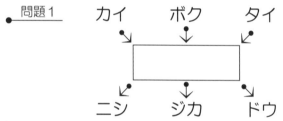

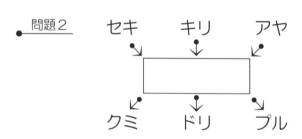

Dタイプ2

くるたん(2)

目標時間 4分

「?」に1文字ずつ補って、右回りに読むと、何という単語になりますか。

問題1

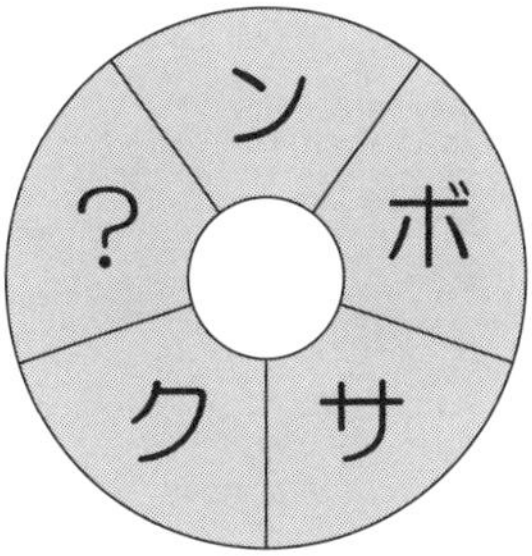

問題2

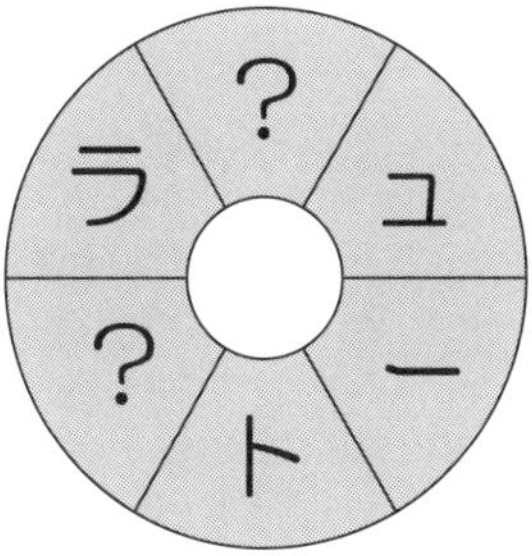

問題3

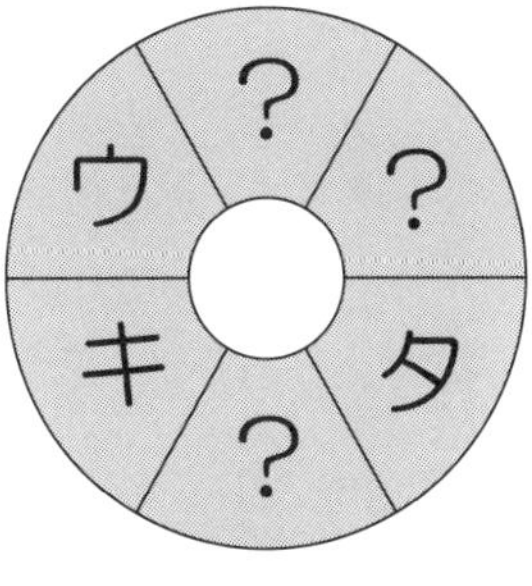

問題4

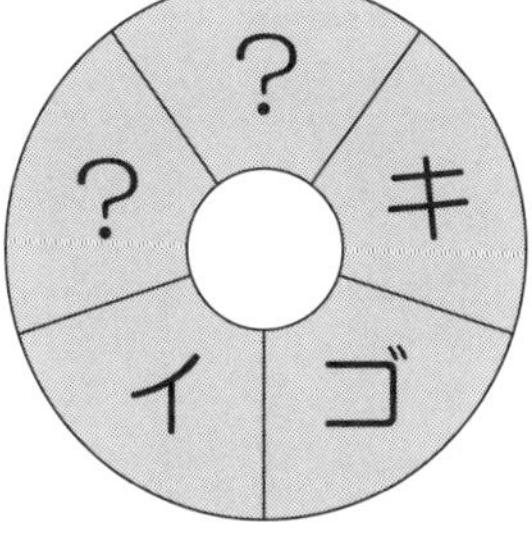

脳トレポイントとヒント

いくつかの文字をヒントに、一気にひらめくこともあれば、右回りに何度も読むことでひらめくこともあるでしょう。発想力を意識して解いてみましょう。

◀ 答えはP.172へ

『極端なタイムマシン』

突然、あなたの前にタイムマシンに乗ったサラと名乗る人物が現れました。

「今から2週間、あなたを時空の旅にご招待します」

あなたは状況が呑み込めずにいましたが、どうやらこれは、300年後の遠い親戚からあなたへのプレゼントのようです。

サラは説明を続けました。

「3000年前か、3000年後、どちらかをお選びください。移動後は自由に行動していただけます。身の安全は完全に保証されます。不明点や困ったことがあれば私が最大限サポートします。寝る場所や食事など、身の回りのことを心配する必要はありません。ときを超えた後、場所の移動は自由にできます。空から眺めることも、海に潜ることもできます。たいていの無理は実現できると思ってください。さて、どちらに行きますか？ ああ、途中で帰りたくなったら旅行を終わらせてもかまいませんよ」

「3000年前か3000年後って……。ずいぶんと極端な二択ですね……」

サラのいっていることはすべて事実で、あなたはこれに対し何も疑いを持っていないものとします。

3000年前に行きますか？ 3000年後に行きますか？

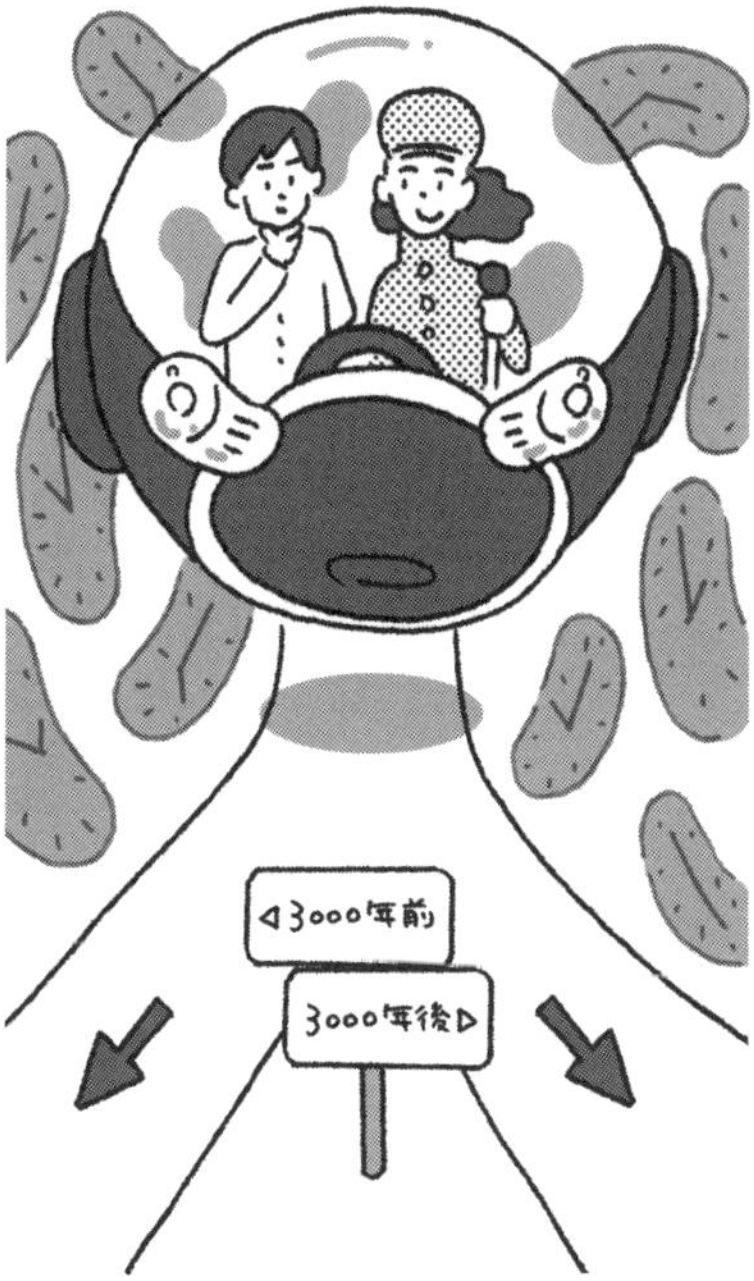

考えがまとまったら次のページへ◀

さて、あなたの選択は？

A

3000年後の未来に行く。

発揮された力 想像力
鍛えたい力 集中力

B

3000年前の過去に行く。

発揮された力 問題解決力
鍛えたい力 直観力

アンケート結果と考察

未来が人気を集める結果に

３０００年前は縄文時代晩期。情報が多少なりとも手に入る過去（26％）よりも、全く想像のつかない未来（74％）を見たいという人が多数派という結果になりました。

未来を見たいという人は「科学や医療などが進化していると思うので、持ち帰りたい」「３０００年後のほうが刺激的な体験ができそう」「現時点で誰も知らない時代に行けるのは魅力がある」など、想像を絶する変化を目にしたいと、好奇心を持ち刺激を求めて未来に行きたいと考えました。

過去に行きたいと考える人は、「すでに確定している過去を見に行きたい」「汚染されていない美しい地球を見たい」「自分の祖先や、今は絶滅した動物などを

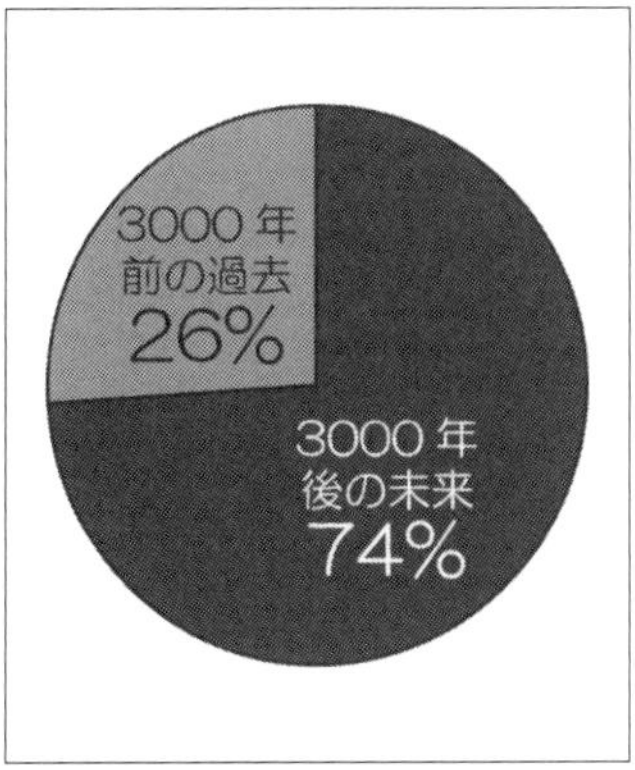

見たい」「教科書でしか知らない世界に身を置いてみたい」と、少ない情報からかき立てられる想像を胸に実際に肌で感じてみたいとしました。

A TYPEの脳力

「3000年後の未来に行く」と答えた人は、未来は未知の世界だからという理由で選択をしています。自分自身の持つ想像と未来を照らし合わせて、そこに現在の問題の答えがあるのではないかとか、自分では想像もしなかった発展がそこにあるのではないかと思考を巡らせています。未来に行きたいという時点で、何らかの未来の姿が自分の中で描かれ、それを持って未来に向かうはずです。現時点で、過去は通過してきた時間ですが、未来はまだ訪れていない誰も知らない世界です。3000年という長い時間を跳躍するのですから、想像を軽く超えてくることは確かでしょう。この選択をした人は、大いなる想像力を発揮した一方で、未知の情報の津波を受け止める脳の負担のことは頭の中にないかもしれません。集中力を鍛えておくと、さまざまなシーンで役に立つでしょう。

B TYPE の脳力

↓150〜151ページのパズルで、集中力を鍛えよう！

「3000年前の過去に行く」を選択した人の理由は、実際に確かめてみたいからというものが多数を占めました。教科書等で断片的に知っている知識があるため、そこから疑問も湧きます。

3000年も過去になると、現在のような写真や文章による資料は全くありませんから、実際のところは誰も知り得ません。自分の先祖たちがどんな空気を吸い、どんな音を聞き、どんな物を見ていたのか、肌で感じないとどうしてもわかりません。過去に行く選択をしたBタイプの人は、持っている情報と照らし合わせ、疑問を解消しようとする問題解決力を発揮した一方で、完全なる未知である未来に対して何となく気後れを感じたのだとしたら、直観力を鍛えておくと役立つことは多いかもしれません。

↓152〜153ページのパズルで、直観力を鍛えよう！

Aタイプ 1

てんびんパズル(2)

目標時間 5分

イラストを見て、2番目に重いおもりを見つけましょう。

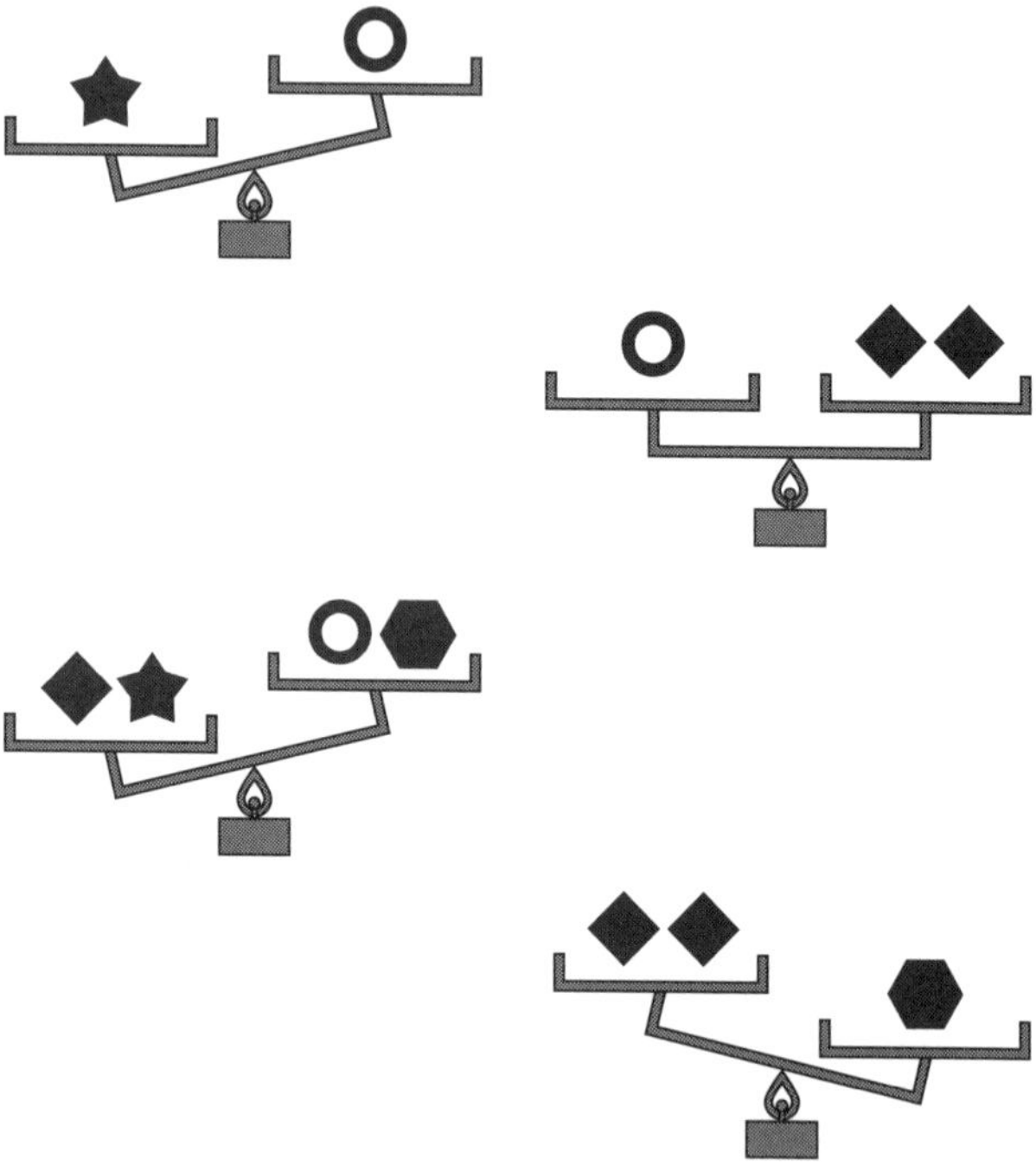

脳トレポイントとヒント

1つずつ比べているのは1つ目のてんびんしかありません。これを最初の手がかりにして、集中力を生かして解き進めてください。

◀ 答えはP.172へ

Aタイプ 2

ループコース(2)

目標時間 12分

●から●に、点線をなぞるように線を引いて、1つの囲みをつくってください。数字は、そのマスの周囲にある線の数を表すので、数字に合った線を引きましょう。

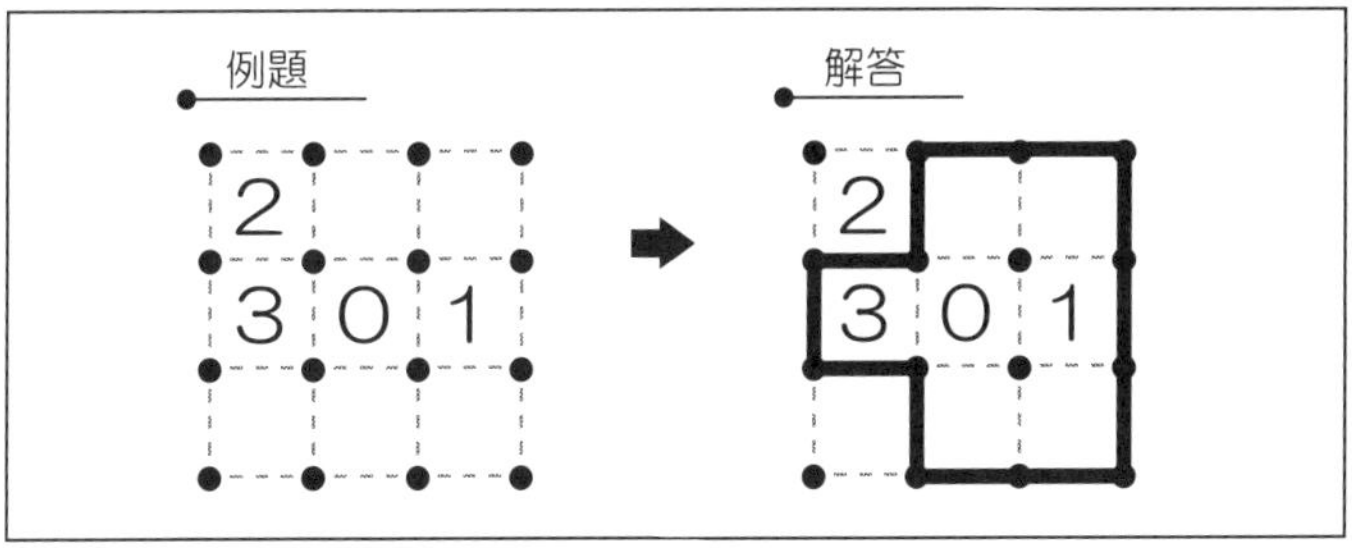

脳トレポイントとヒント

常に線を引くイメージを持ちながら集中して考えていくことで正しい答えが見えてきます。まずは0の周りに×を書くところから始めてみてください。

◀ 答えはP.172へ

Bタイプ 1

同じ文字入れパズル(2)

目標時間 3分

空いているマスに同じ文字を入れて言葉を完成させてください。

問題1

む○い○ぜ

問題2

え○せ○ら

問題3

お○○し

問題4

○め○き

問題5

か○ー○る

脳トレポイントとヒント

「あ」から順に当てはめずに、直観力に頼って解いてください。ピンとひらめく爽快感が楽しめるパズルです。

◀ 答えはP.173へ

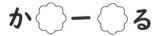

Bタイプ 2

8つの変換パズル

目標時間 3分

「?」に入るアルファベットは何ですか。下記の8つは基本的なものです。

G → M	B → K
Y → K	R → A
B → A	B → T
G → H	W → ?

脳トレポイントとヒント

アルファベットから直感力を生かして思考をあちこちに飛ばしたり、さまざまな記憶を探ってみてください。ピンとひらめく瞬間があるはずです。

◀ 答えはP.173へ

『不思議な生物とコントロール』

休日のある日、1人自宅でくつろいでいると、あなたの目の前に不思議な生物が現れました。

その生物は青い体に鳥のようなくちばしを持ち、体長は50センチくらいで宙に浮いています。

そして、その不思議な生物がこんな話を始めました。

「アナタを成功者として幸せにすることを約束します。その方法は、ワタシがアナタのすべての行動を完全にコントロールすることです。あれ、不安ですか？　でも大丈夫。アナタはワタシにコントロールされていることに全く気づきません。すべて自分で考えて、自分で決めて、自分の意思で行動していると思うだけです。しかし、もちろん、本当は全部ワタシが決めて、ワタシの思う通りにあなたは行動しているに過ぎません。周りの人も誰一人ワタシの存在に気づかず、アナタをただただ成功者として尊敬するでしょう！ 今日のこの約束のことも忘れますから、アナタは成功者としての、アナタが幸せと確かに思う人生を歩むことができますよ」

不思議な生物がいっていることは本当で、それをあなたも疑うことなく理解しているとします。

不思議な生物に、行動をすべて託しますか？

考えがまとまったら次のページへ ◀

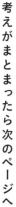

さて、あなたの選択は？

A

行動をすべて託す。

発揮された力　論理力

鍛えたい力　集中力

B

不思議な生物の申し出を断る。

発揮された力　創造力

鍛えたい力　分析力

アンケート結果と考察

両者拮抗！　半々という状態に

不思議な生物に行動をすべて託すとした人が48％、不思議な生物の申し出を断るとした人が52％と、僅差で申し出を断る人が多数派という結果になりました。

行動をすべて託すとした人は、「自分の力で成功者になったと思い込めるから」「それも一つの生き方だと捉える」など、コントロールされていることに気づかないのであれば、託したいとしました。

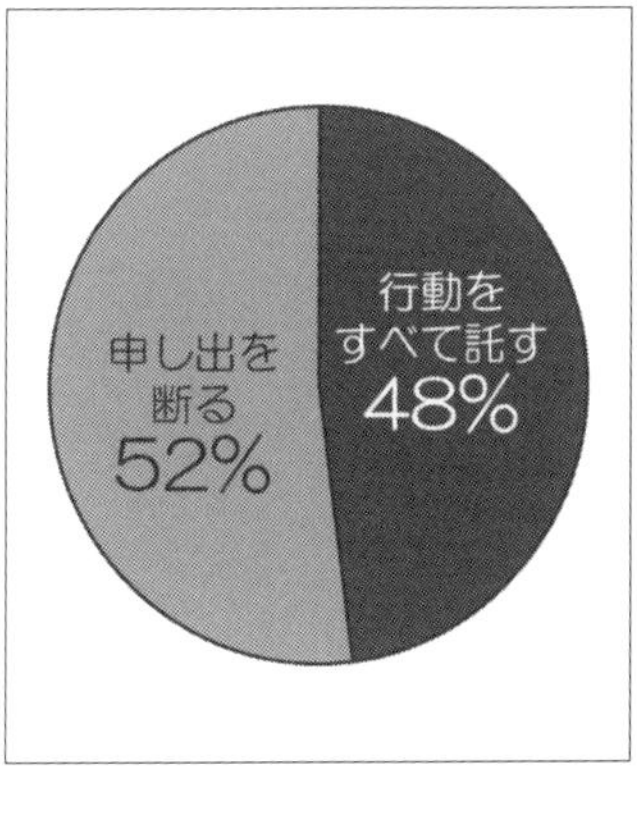

一方、不思議な生物の申し出を断るとした人は、「成功が正解ではない。自分の意思で生き抜きたい」「他人にコントロールされる人生は嫌だから」と、自分の成功や幸福は自分の手でつかむものであるとしました。

「行動をすべて託す」としたAタイプの人の多くは、たとえコントロールされていたとしても、自分の力で幸せになったと感じるのなら、いい人生になると感じて託したいとしました。

中には、「そもそもコントロールされているのではないかと感じているため」と、運命や、見えない力に動かされていると感じ、それならば別の何かにコントロールされていても変わらないのではないかとする考え方もありました。

人は、意思決定のわずかに前に体のほうが先に動いているという研究もあります。人の脳はまだまだ謎が多く、そもそも、自分の意思は何かにコントロールされているのかもしれないと考えても、完全なる否定はできません。

Aタイプの人は、不思議な生物の言葉から情報を集めて、それを元に論理的に思考を積み上げました。Bタイプの人と比べると、「人生の難所に対し、一点集中して力を出し切り乗り越えたい」というエネルギーはやや控えめといえそうです。集中力を鍛えていくと、違った脳の使い方も見つけられるでしょう。

↓160〜161ページのパズルで、集中力を鍛えよう！

B TYPE の脳力

「不思議な生物の申し出を断る」と答えた人は、不思議な生物という未知の力にコントロールされることに嫌悪感を示しました。何かにコントロールされてつかむ「成功者としての幸せ」を得るより、自分の選択、自分の力で突き進んでいくことに意味を見出しています。自分の行動の責任は自分が持つものですし、不思議な生物のコントロールが入ることによって、自分らしくはいられない可能性も十分に残りますから、やはり「自分で進む」ほうが面白い人生になると思ったのでしょう。Bタイプの人は、創造力に長ける一方で、コントロールされて得られる幸せについて、もう少し分析してみると、普段と異なる脳の刺激を得られると考えられます。

↓162〜163ページのパズルで、分析力を鍛えよう！

Aタイプ 1

ナンバープレース(2)

目標時間 30分

空いているマスに1～9までの数字のどれかを入れます。ただし、タテの列とヨコの列には1～9の数が1つずつ入り、太線で囲まれた枠内にも1～9の数が1つずつ入ります。

5				6				8
			7					
		2		1		7		
			6		9		4	
6		7				3		5
	9		5		2			
		1		8		2		
					5			
4				2				1

脳トレポイントとヒント

1つ間違えると、ドミノ倒しのように次々間違えてしまうので、集中して解かなければ振り出しに戻ってしまいかねません。集中力を維持して解き進めてください。

◀ 答えはP.173へ

Aタイプ 2

穴あきブロックパズル(2)

目標時間 5分

黒い■は穴を表しています。穴はまっすぐ、全体を貫くようにあいています。穴があいていないブロックはいくつありますか。

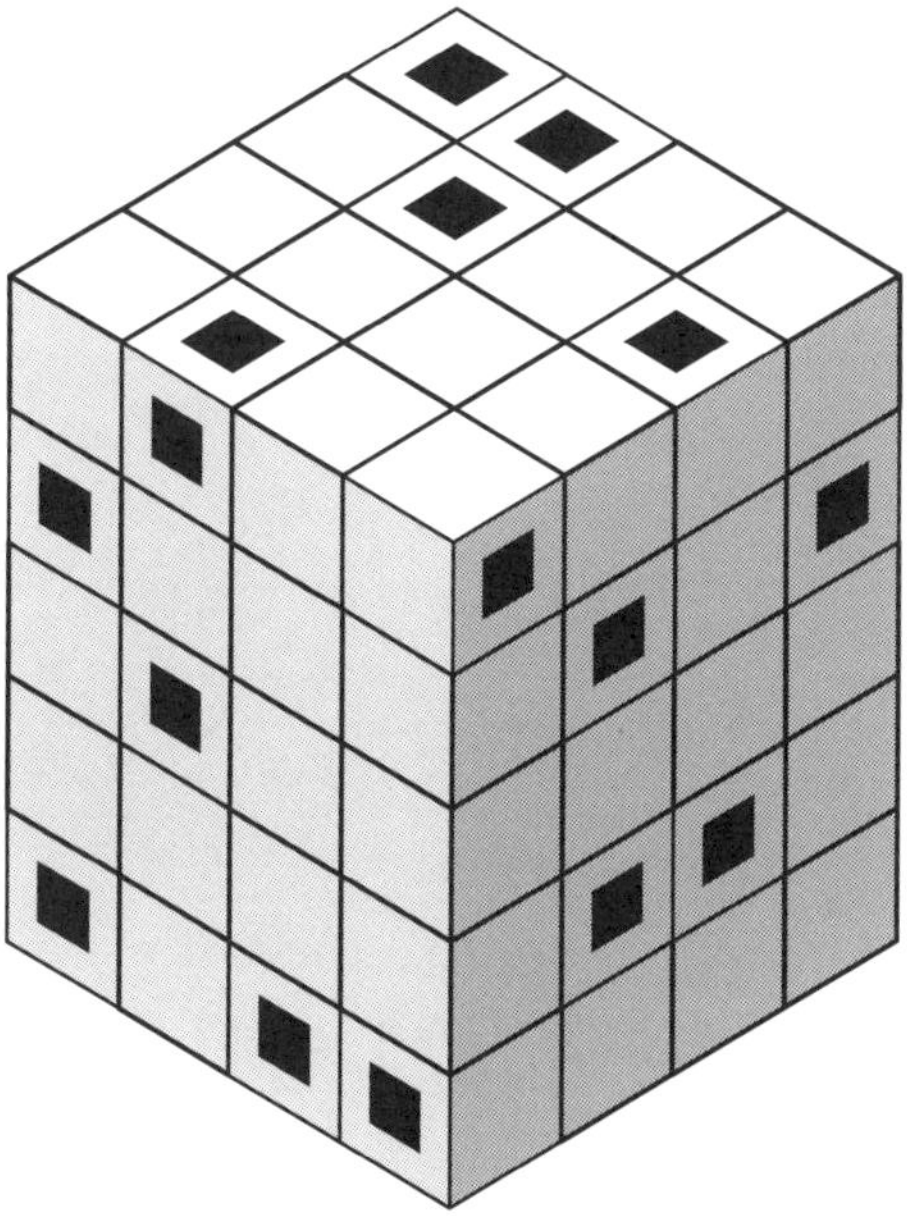

脳トレポイントとヒント

1つの漏れもダブリもないように、集中力を使って慎重に数えていくパズルです。上からでも、横からでも、数えやすい方法を見つけて数えてみてください。

◀ 答えはP.173へ

Bタイプ 1

暗号パズル

目標時間 7分

ブロックを正しくつなげて、暗号を見破ってください。暗号のカギは例題から読み取ってください。

例題

ABCを入力してください

CCB	BAA	ACB
月虹虹	虹雲月	雲雲月

解答

CCB	雲雲月
BAA	月虹虹
ACB	虹雲月

暗号＝虹月雲

暗号に使用している文字…壱、弐、参、肆、伍、陸、漆、捌（大字の1〜8）

ECE	BGE	壱参捌	参壱漆
DDA	HFC	参陸伍	弐壱漆
EEG	AFC	捌伍肆	弐捌肆
DBD	FAB	肆肆伍	肆漆肆
HBE	ADG	陸陸参	陸捌陸

「EEABHG」を入力してください

脳トレポイントとヒント

例題から法則を読み取り、使える情報はどれかを分析して、そこから暗号を探るパズルです。

◀ 答えはP.173へ

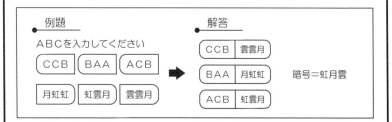

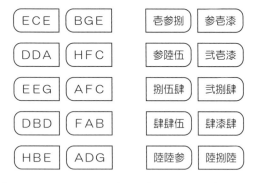

Bタイプ 2

マス・ラビリンス

目標時間 20分

すべての白いマスを1回ずつ通って①の矢印から②の矢印まで進んでください。アルファベットのマスは、AからDの順で通過してください。

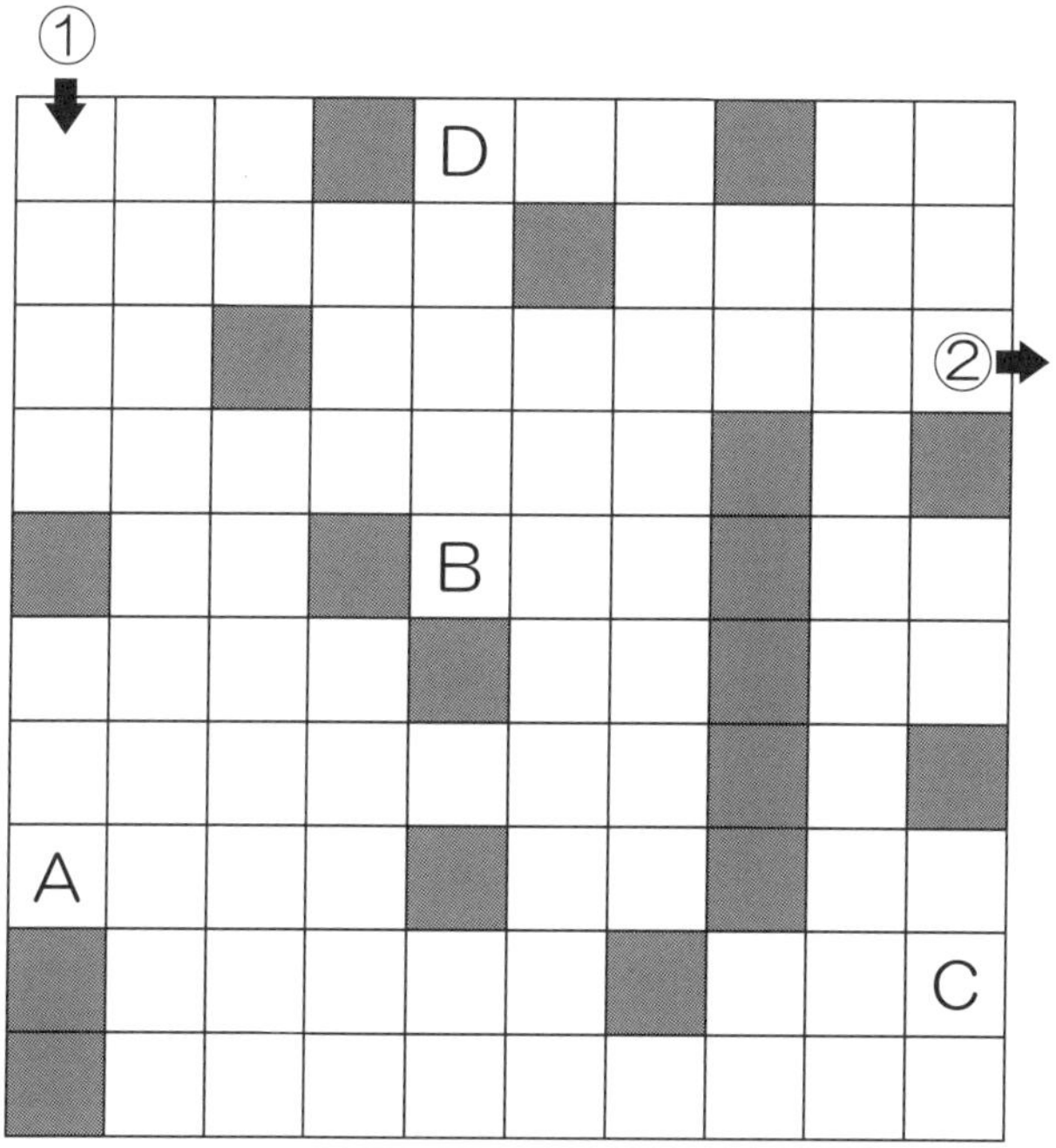

脳トレポイントとヒント

やみくもに進むのではなく、どう進めばすべてのマスを通れるのかを分析しながら進めてみてください。

◀ 答えはP.173へ

パズルの答え

P.22 Aタイプ①

マークリンクパズル

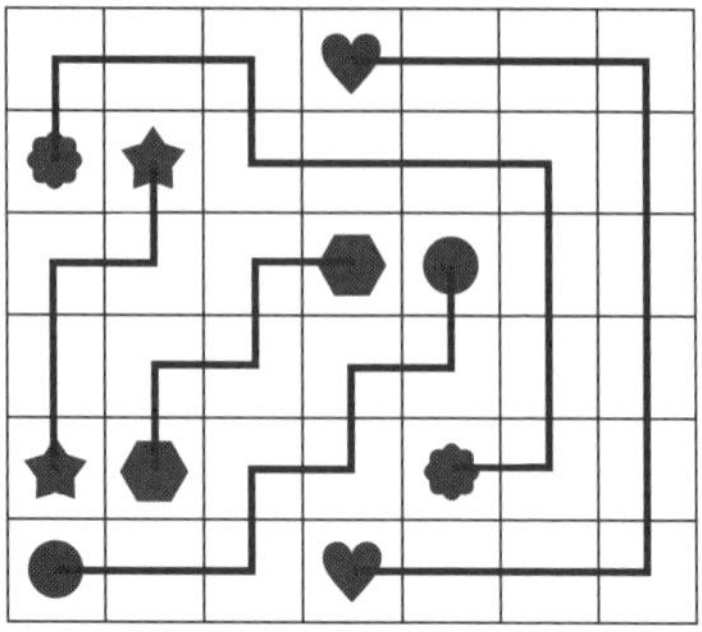

P.24 Bタイプ①

4×5の法則

13	6	
	5	3

A	B	
	C	D

B＋C＋2＝A

（BとCの差）×3＝D

P.26 Cタイプ①

同じ部首で熟語作成パズル

問題1

冷凍

問題2

雪雲

問題3

超越

P.23 Aタイプ②

グループパズル(1)

P.25 Bタイプ②

トレジャーマップ(1)

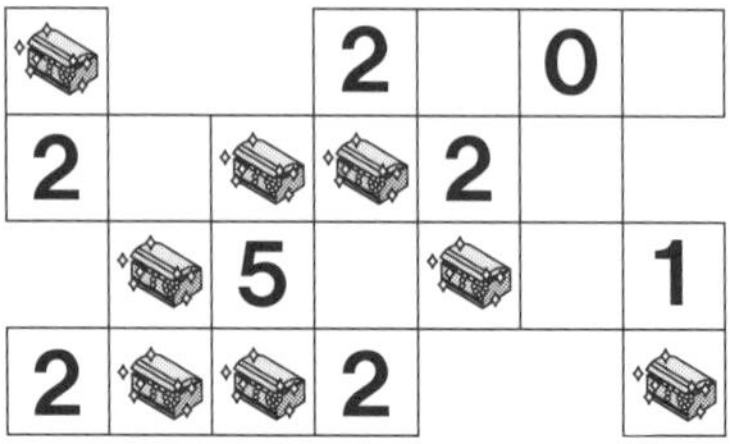

P.27 Cタイプ②

日本語英語パズル(1)

問題1

べんり

コンビニエンス

問題2

りゅうこう

トレンド

P.28 Dタイプ①

四字熟語分割パズル(1)

一石二鳥

P.29 Dタイプ②

二重迷路

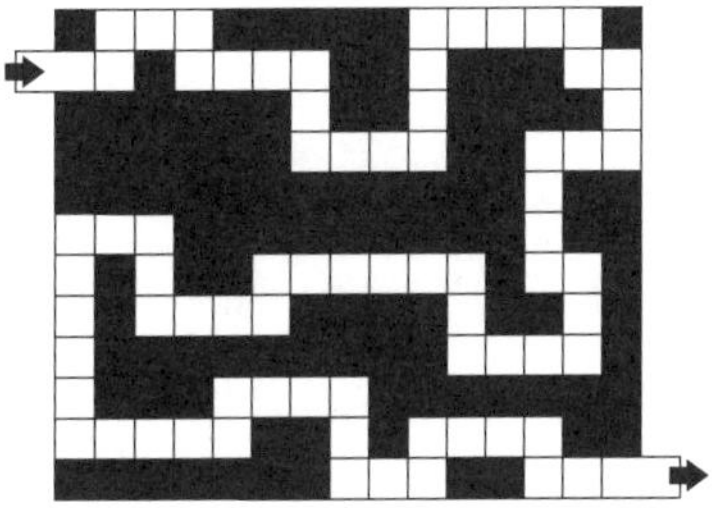

P.38 Aタイプ①

2ピースジグソーパズル

① B

② D

P.39 Aタイプ②

穴あきブロックパズル(1)

問題1
2個

問題2
3個

問題3
4個

問題4
7個

P.40 Bタイプ①

4つの言葉パズル(1)

か	ー	な	び
ま			た
ぼ			み
こ	く	ば	ん

あ	さ	が	お
し			む
あ			れ
と	う	じ	つ

P.41 Bタイプ②

同じ文字入れパズル(1)

問題1
あぶらあげ

問題2
まねきねこ

問題3
さかさま

問題4
ときめき

問題5
こうくうき

P.42 Cタイプ①
ナンバープレース(1)

7	4	3	5	6	8	2	1	9
8	5	2	1	7	9	4	3	6
6	9	1	2	3	4	5	7	8
9	7	4	3	8	1	6	5	2
1	8	5	9	2	6	7	4	3
2	3	6	4	5	7	8	9	1
3	1	8	7	4	2	9	6	5
4	2	9	6	1	5	3	8	7
5	6	7	8	9	3	1	2	4

P.43 Cタイプ②
ループコース(1)

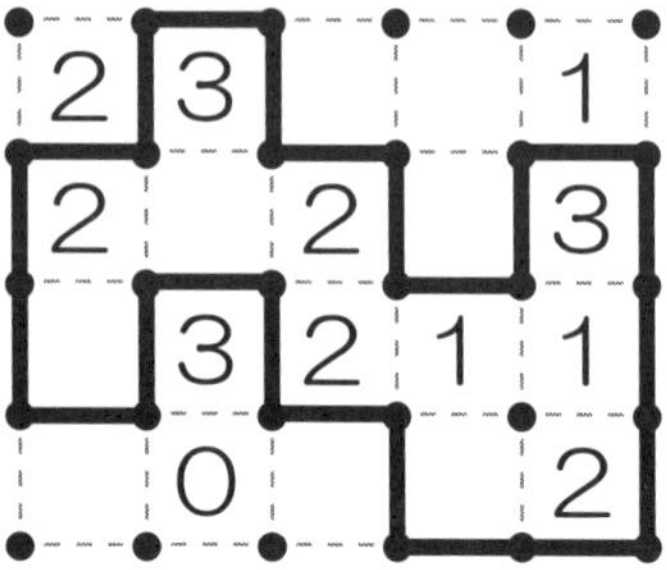

P.54 Aタイプ①
ブロックカウント

50 個

先に「前から」ブロックを数え、その後、前から見えないブロックだけを数えてその合計を出しましょう。

前から見えないブロックは 11 個

P.55 Aタイプ②
四字熟語分割パズル(2)

創意工夫

P.56 Bタイプ①
水を計る

水瓶の水を 11 ℓ の容器に移し、
11 ℓ の容器の水を、8 ℓ の容器に移す。
8 ℓ の容器の水を、水瓶に移す。
11 ℓ の容器に残っていた 3 ℓ を 8 ℓ の容器に移す。

さらにもう一度、
水瓶の水を 11 ℓ の容器に移し、
11 ℓ の容器の水を、8 ℓ の容器に移す。
元々 8 ℓ の容器には 3 ℓ が入っているので、
5 ℓ を移して 8 ℓ の容器をいっぱいにしたとき、
11 ℓ の容器には 6 ℓ 残っている。

P.57 Bタイプ②
オイルフロア

【解答例※他の順序でも、成功できれば正解です。】

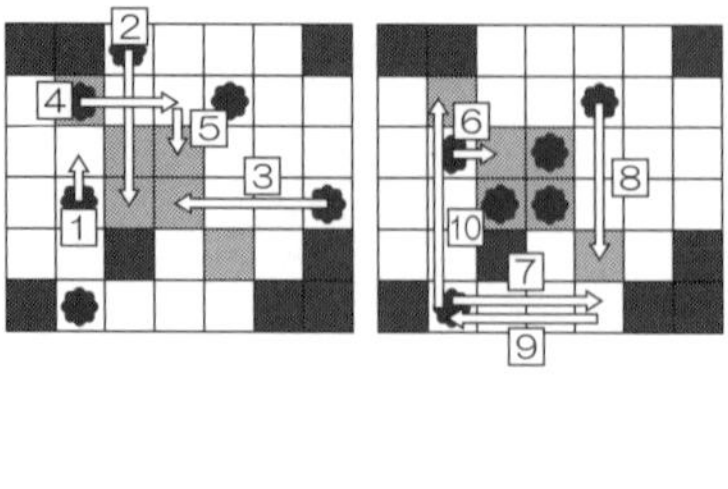

P.68 Aタイプ①

詰め込み熟語盤

投	7合	盤	2針	小
気	5言	行	1羅	棒
9意	葉	4一	致	6大
己	3知	秋	吉	安
朋	友	千	日	8一

P.69 Aタイプ②

サムクロス(1)

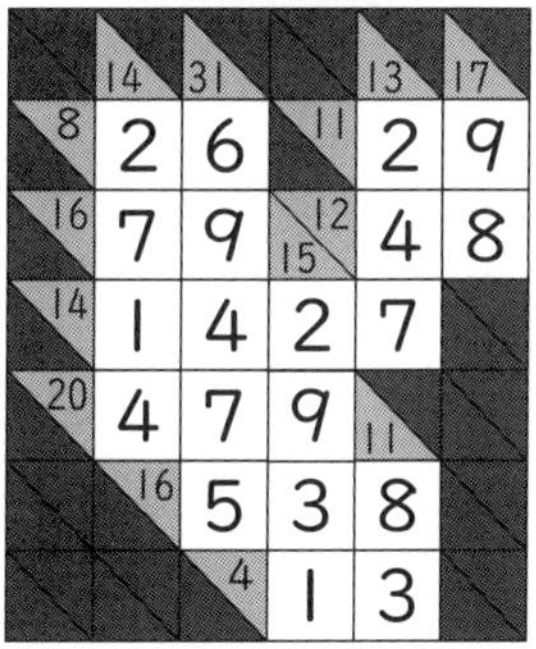

P.70 Bタイプ①

アルファベットの計算式

A＝3、B＝1

C＝6、D＝7

E＝5、F＝4

G＝9

P.71 Bタイプ②

ヘキサム

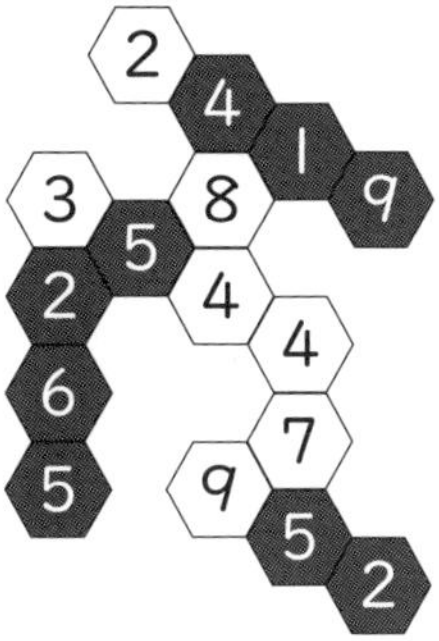

P.72 Cタイプ①

ブロックの断面

問題1

14個

問題2

16個

P.73 Cタイプ②

展開図と立方体

A ＝ は

B ＝ と

C ＝ に

D ＝ ほ

P.82 Aタイプ①

図形パズル

☆の長さは同じです。
つまり、濃い灰色の長方形の長いほうの辺の長さは、
☆＋6＋☆＋☆＝18cm と表すことができます。
これを解くと、☆×3＝12 より、☆＝4です。よって、答えは4cm です。

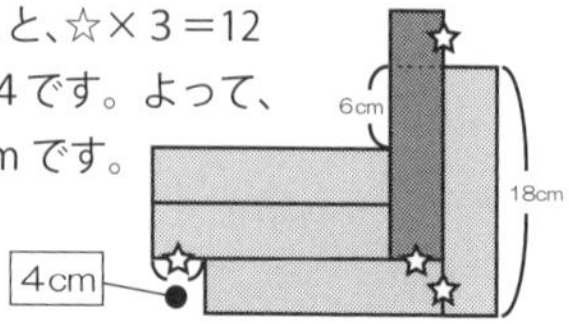

P.83 Aタイプ②

くるたん(1)

問題1：サンガニチ

問題2：トーナメント

問題3：ミニスカート

問題4：アナウンサー

P.84 Bタイプ①

橋掛けパズル

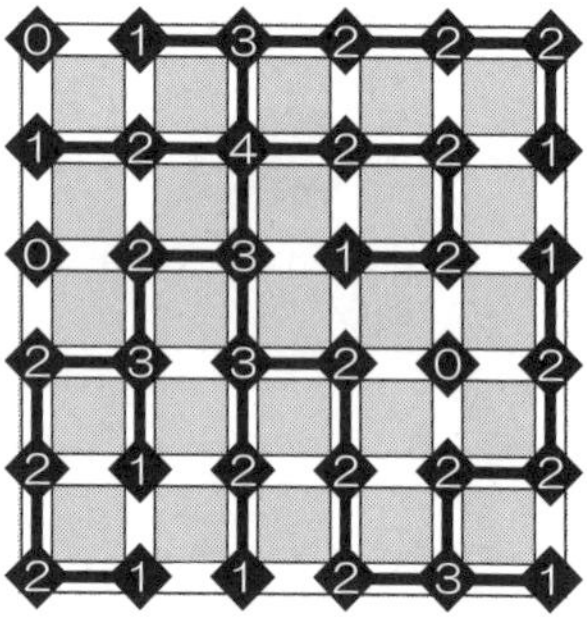

P.85 Bタイプ②

部屋分けパズル(1)

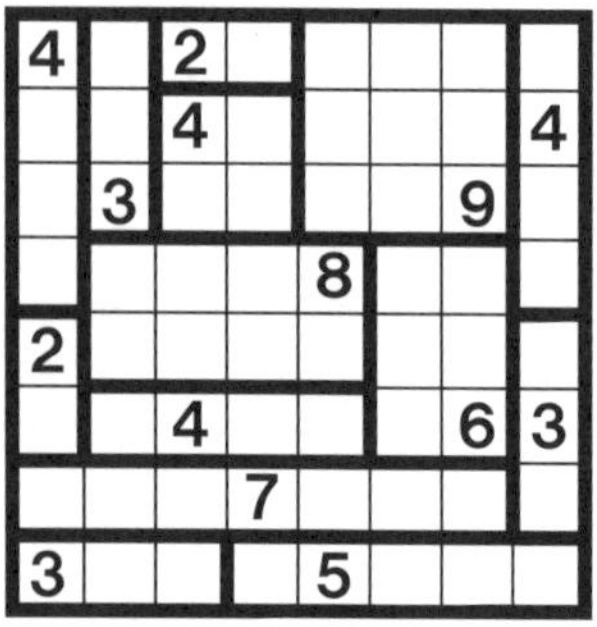

P.96 Aタイプ①

16ピースの法則

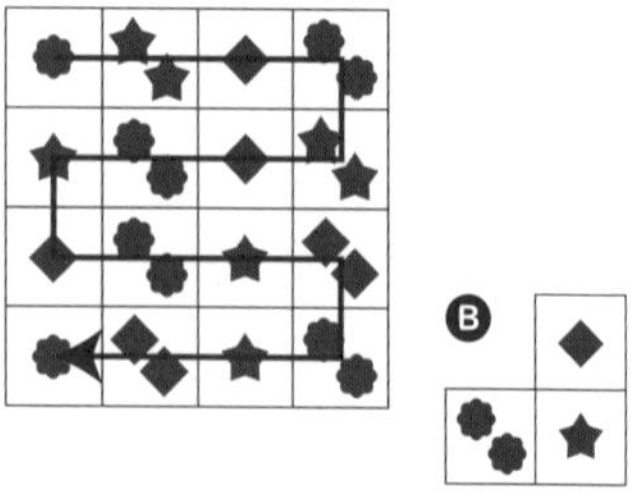

矢印の方向に、● ★ ◆ とマークが変化しています。

P.97 Aタイプ②

シークワーズ

答え：文武両道

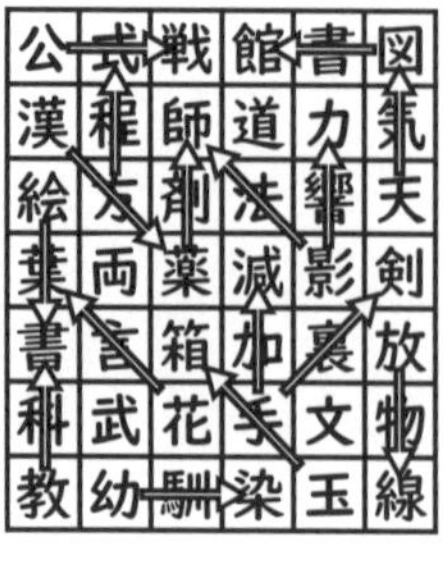

公式戦　図書館
方程式　天気図
薬剤師　手裏剣
漢方薬　手加減
影法師　玉手箱
影響力　教科書
花言葉　幼馴染
絵葉書　放物線

P.98 Bタイプ①
2つのメイクテン

7 ＋ 5 － 6 ＋ 4 ＝10

9 ÷ 6 × 4 ＋ 4 ＝10

P.99 Bタイプ②
二択のテスト

1問目：B　2問目：A　3問目：A
4問目：A　5問目：B

ハルトとコウキは2問目のみ答えが違い、ハルトのほうが10点高いので、2問目の答えはA。サクラとミサを見ると、2つ答えが異なり、ミサのほうが20点高いので、1問目はB、4問目はA。カスミの答案を見ると、1問目正解。2問目、4問目は不正解。カスミの得点は30点なので、3問目、5問目は正解しており、答えは順にA、Bです。

P.106 Aタイプ①
日本語英語パズル(2)

問題1

くんれん

トレーニング

問題2

がいねん

コンセプト

P.107 Aタイプ②
サークルパズル

？＝7

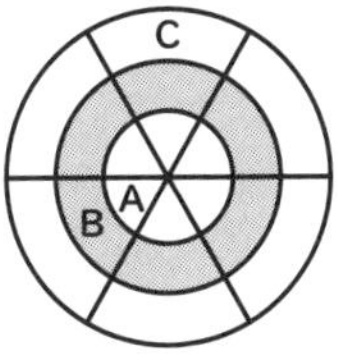

A＋B＝C

内円＋中円＝右回りに2つ移動した外円という法則で成っています。

P.108 Bタイプ①
4つの言葉パズル(2)

ゆ	ー	も	あ
き			ま
や			ざ
ま	く	あ	け

に	ち	ぼ	つ
ほ			う
ん			か
ご	む	い	ん

P.109 Bタイプ②
サイコロころころ

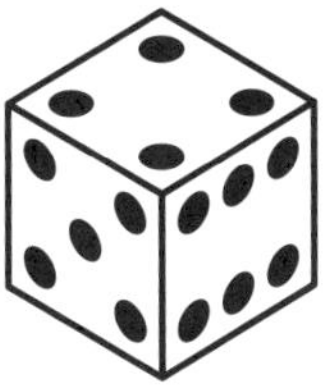

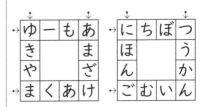

P.120 Aタイプ①

異なる絵探し

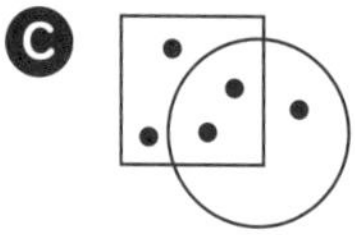

２つの図形で作られた３つのエリアに、●がありますが、C以外は３つのエリアごとにその数が異なっています。

P.121 Aタイプ②

隠されたピース

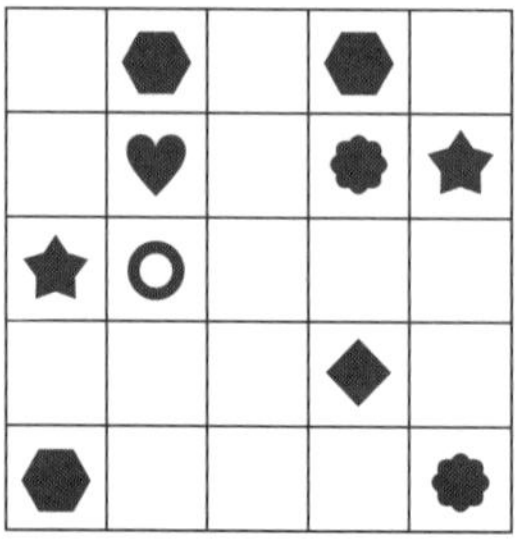

P.122 Bタイプ①

重なった箱

A	B	C	D	E
8cm	3cm	7cm	2cm	5cm

左の図で、B＋C＋D＝12cm、
右の図で、B＋D＝5cmから
C＝7cmとわかります。
残りは、順々に計算して
いくことができます。

P.123 Bタイプ②

サムクロス(2)

P.124 Cタイプ①

漢字組み立てパズル

問題1

信頼

問題2

新規

問題3

番組

問題4

図鑑

P.125 Cタイプ②

てんびんパズル(1)

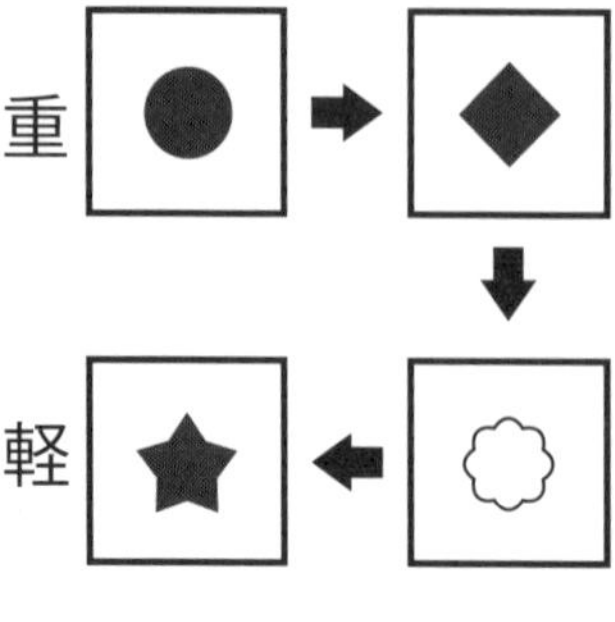

P.126 Dタイプ①
4つの店

ヤマデラ

	A店	B店	C店	D店
店の名前	ヤマデラ	やすらぎ	ふらわー	森の家
商品	パン	紅茶	ケーキ	和菓子
看板の色	紫色	茶色	緑色	桃色

P.127 Dタイプ②
トレジャーマップ (2)

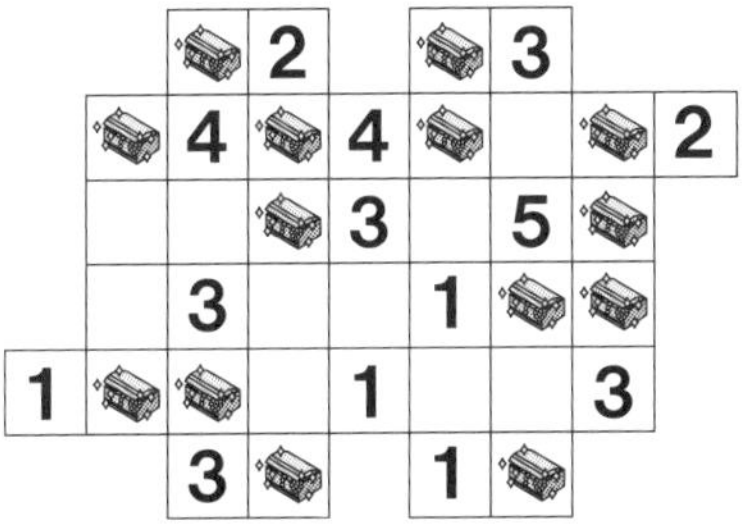

P.136 Aタイプ①
ビルディングパズル

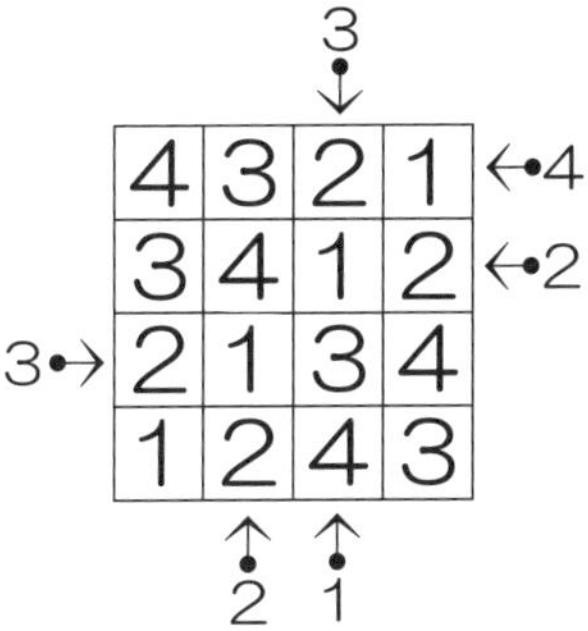

P.137 Aタイプ②
部屋の住民パズル

		403 河中	404 星野
	302 山林	303 花森	304 坂本
	202 北川	203 大池	204 浜口
101 栗原	102 藤沢	103 杉田	104 岡谷

AとDのヒントから、花森が303、藤沢が102と決まります。Cのヒントから、縦に3部屋が空いていて、花森に接する坂本の部屋がある所を考えると、304が坂本、204が浜口、104が岡谷とわかります。残りのヒントを全て当てはめると、答えにたどり着きます。

P.138 Bタイプ①
川渡り問題

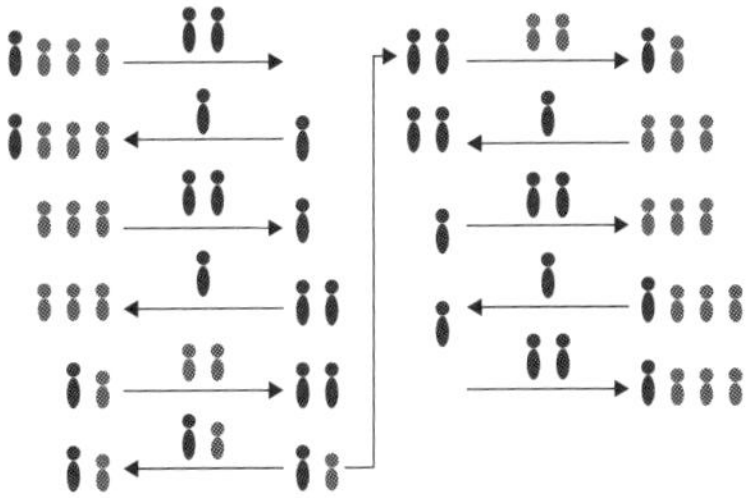

P.139 Bタイプ②
エレベーターと百貨店

答え：レストランは3階にあった

上がる時は必ず4階分という点がポイントです。存在しない地下や7階以上に行かないようにするには、下記の乗り方しかありません。

2階分、降りた ➡ 4階分、上がった ➡ 3階分、降りた ➡ 4階分、上がった ➡ 5階分、降りた

P.140 Cタイプ①
グループパズル(2)

P.141 Cタイプ②
部屋分けパズル(2)

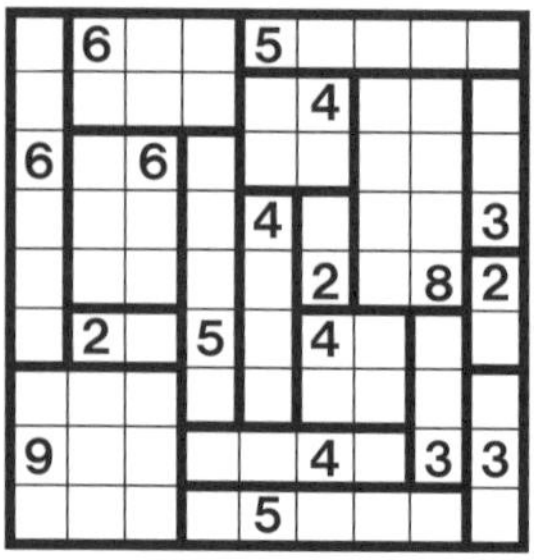

P.142 Dタイプ①
中央文字探しパズル

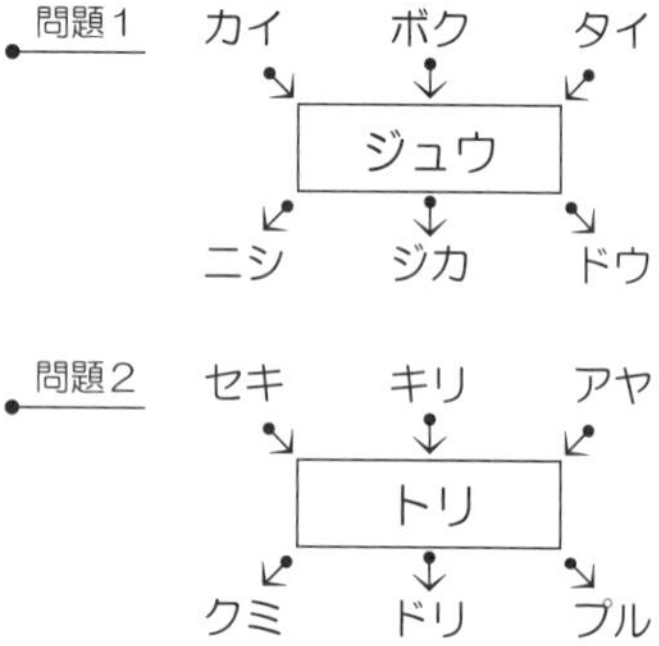

P.143 Dタイプ②
くるたん(2)

問題1：サクランボ

問題2：パラシュート

問題3：タヌキウドン

問題4：ニシキゴイ

P.150 Aタイプ①
てんびんパズル(2)

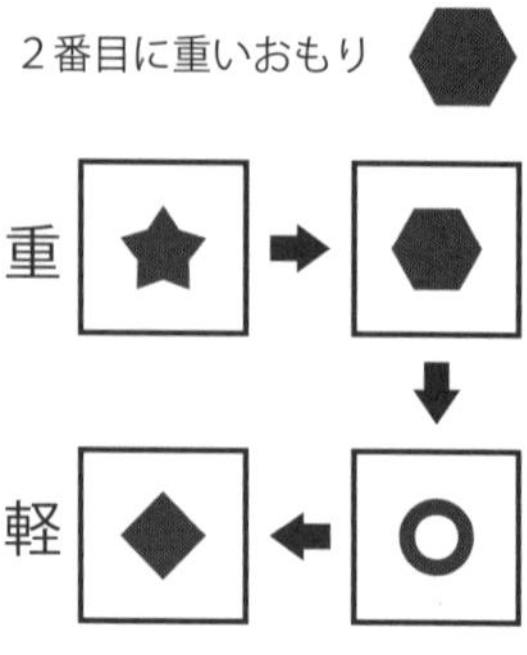

P.151 Aタイプ②
ループコース(2)

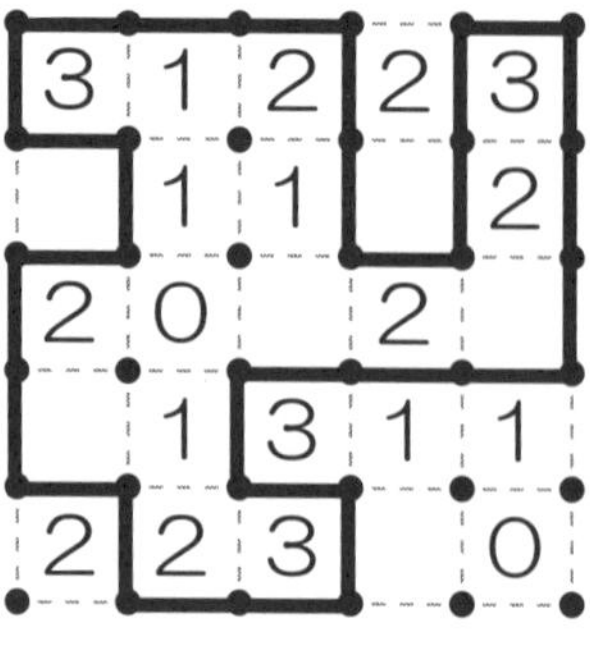

P.153 Bタイプ②
8つの変換パズル

W ➡ S

ｗｈｉｔｅ⇒白というように、基本的な色（赤、青、緑、黄色、茶色、黒、灰色、白）の英語と日本語の頭文字を表しています。

P.161 Aタイプ②
穴あきブロックパズル (2)

26 個

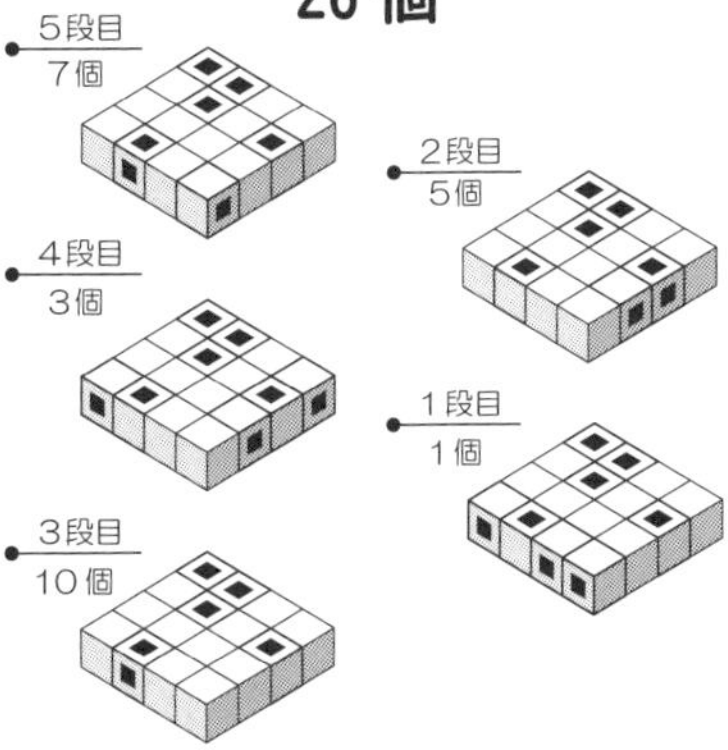

P.163 Bタイプ②
マス・ラビリンス

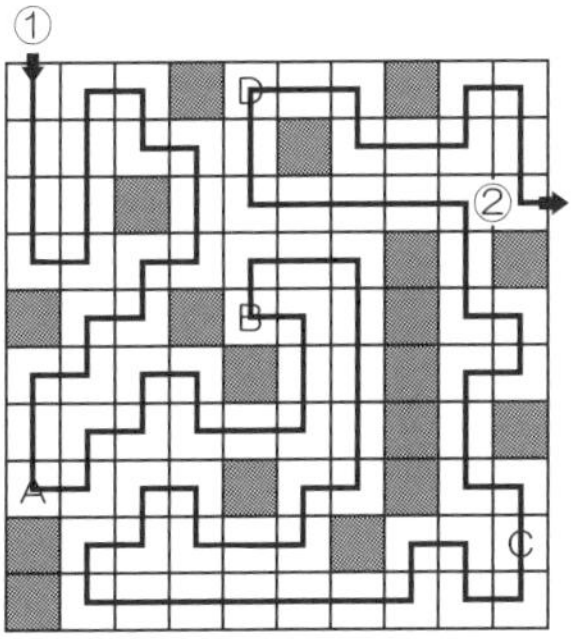

P.152 Bタイプ①
同じ文字入れパズル (2)

問題1

むかいかぜ

問題2

えとせとら

問題3

おととし

問題4

まめまき

問題5

かてーてる

P.160 Aタイプ①
ナンバープレース (2)

5	7	3	2	6	4	9	1	8
9	1	6	7	5	8	4	2	3
8	4	2	9	1	3	7	5	6
3	8	5	6	7	9	1	4	2
6	2	7	8	4	1	3	9	5
1	9	4	5	3	2	8	6	7
7	5	1	4	8	6	2	3	9
2	3	8	1	9	5	6	7	4
4	6	9	3	2	7	5	8	1

P.162 Bタイプ①
暗号パズル

暗号＝肆肆参捌弐伍

下の表のように、それぞれのアルファベットごとに大字が当てはめられています。

DBD	陸捌陸	ADG	参陸伍
AFC	参壱漆	BGE	捌伍肆
HBE	弐捌肆	HFC	弐壱漆
EEG	肆肆伍	FAB	壱参捌
DDA	陸陸参	ECE	肆漆肆

A	B	C	D	E	F	G	H
参	捌	漆	陸	肆	壱	伍	弐

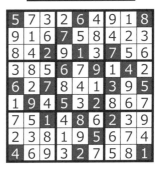

著者紹介

北村良子　1978年生まれ。有限会社イーソフィア代表。パズルを解くのが趣味だったことから、次第にパズルを作るようになり、パズル作家となる。パズル作家としてWEBで展開するイベントや企業のキャンペーン、書籍や雑誌に向けたパズルを数多く作成。これまでに作ったパズルは5万問を超える。思考実験にも造詣が深く、『論理的思考力を鍛える33の思考実験』、『発想力を鍛える33の思考実験』（ともに彩図社）などの著書がある。

思考実験《しこうじっけん》が教《おし》えるあなたの脳《のう》の鍛《きた》え方《かた》

2021年1月1日　第1刷

著　　者　北《きた》村《むら》良《りょう》子《こ》

発行者　小澤源太郎

責任編集　株式会社プライム涌光
電話　編集部　03(3203)2850

発行所　株式会社青春出版社
東京都新宿区若松町12番1号 〒162-0056
振替番号　00190-7-98602
電話　営業部　03(3207)1916

印　刷　中央精版印刷　製　本　フォーネット社

万一、落丁、乱丁がありました節は、お取りかえします。

ISBN978-4-413-23185-5 C0034